Sie sprechen bereits Englisch, fühlen sich aber in der oft bildhaften Alltagssprache noch nicht ausreichend gefestigt? Sie können sich zwar gut verständigen, tendieren aber dazu, immer auf denselben Wortschatz zurückzugreifen? Sie möchten einfache Redewendungen lernen, die Ihnen mehr Ausdruck verleihen? Dann sollten Sie dieses Buch lesen!

Der **Bessersprecher Englisch (US)** hilft Ihnen auf unterhaltsame Weise dabei, sich sprachgewandter und professioneller zu verständigen – mit Freunden, im Urlaub oder im Berufsleben. Eignen Sie sich einen bildhaften Wortschatz an, der Ihnen im Alltag mehr Sprachsicherheit gibt, Sie vor Missverständnissen bewahrt und Ihnen neuen Spaß an der Sprache vermittelt.

Mit dem **Bessersprecher Englisch (US)** lernen Sie 150 Redewendungen, die Ihnen tagtäglich begegnen werden. Eingängige und praxistaugliche Beispielsätze, spannende Hintergrundinformationen zur US-amerikanischen Gesellschaft und lehrreiche Übungsaufgaben machen es Ihnen besonders leicht, Ihre Sprachkenntnisse zu erweitern und die gelernten Redewendungen stilsicher einzusetzen.

Sprechen Sie besser Englisch mit dem **Bessersprecher Englisch (US)**!

1. Auflage

MIX
Papier aus verantwortungsvollen Quellen
FSC® C083411

www.conbook-verlag.de

US-Lektorat: Meredith Brandt
Einbandgestaltung und Illustration: Diana Stanciulescu
Innenlayout und Satz: David Janik
Druck und Bindung: CPI books GmbH, Leck

Printed in Germany

ISBN 978-3-95889-101-2

Kai Blum

Bessersprecher
Englisch (US)

eBOOK *inside*

Mit unten stehendem Code können Sie sich kostenlos die E-Book-Ausgabe dieses Buches herunterladen.

1. Gehen Sie auf: www.conbook-verlag.de/ebookinside
2. Lesen Sie sich die dort aufgeführten Hinweise sorgfältig durch.
3. Wählen Sie dann Ihr gewünschtes E-Book-Format und tragen Sie Ihre E-Mail-Adresse und folgenden Code ein:

hUoPpKkNPZul

4. Wir schicken Ihnen daraufhin einen Download-Link an die angegebene E-Mail-Adresse, mit dem Sie das E-Book herunterladen und dann auf Ihr Gerät übertragen können. Bei Amazon-Kindle-Nutzern erfolgt der Versand des E-Books direkt auf den Reader.

Wir wünschen Ihnen viel Freude beim Lesen.

Ihr CONBOOK Verlag

Vorwort

Um eine Sprache fließend zu beherrschen, reicht es nicht, das Vokabular und die Grammatik zu kennen, denn diese helfen einem oft nicht ausreichend weiter, wenn es um das Verständnis und den Gebrauch von Redewendungen geht. Eine wörtliche Übersetzung ergibt in vielen Fällen keinen Sinn.

Auch wenn Sie bereits gute oder sehr gute Englischkenntnisse besitzen, aber noch nicht oder nur kurze Zeit in den USA gelebt haben, werden Sie deshalb im dortigen Alltag immer wieder auf Redewendungen stoßen, die Sie noch nicht kennen. Das könnte unter Umständen zu Missverständnissen im Beruf und im Privatleben führen. Dieses Buch soll Ihnen helfen, derartige sprachliche Probleme zu vermeiden. Aber auch wenn Sie amerikanische Filme, Nachrichten oder Bücher im Original sehen bzw. lesen, wird Ihnen die Kenntnis der Redewendungen von Nutzen sein.

Ich lebe seit mehr als zwanzig Jahren in den USA und in dieses Buch habe ich nur Redewendungen aufgenommen, die ich selbst regelmäßig im Alltag höre. Wenn Sie in den USA arbeiten, werden Sie, da bin ich mir sicher, jeden Tag mindestens eine dieser Redewendungen wahrnehmen. Dieses Buch ist keine sprachwissenschaftliche Abhandlung, sondern ein praktischer Ratgeber. Die meisten Redewendungen sind in den USA entstanden, aber ich habe auch einige berücksichtigt, die aus anderen englischsprachigen Ländern stammen und sehr häufig in den Vereinigten Staaten verwendet werden.

Zur Entstehungsgeschichte der einzelnen Redewendungen, deren Kenntnis Ihnen beim richtigen Gebrauch helfen wird, kommen Beispielsätze sowie Anmerkungen zur amerikanischen Kultur, Sprache und Gesellschaft. Gelegentlich gibt es auch einen warnenden Hinweis, falls man eine Redewendung einem Vorgesetzten gegenüber besser nicht verwendet.

Zur schnellen Orientierung, ob eine Redewendung eher bürotauglich ist oder nicht, gibt es auf jeder Seite die Abbildung einer Krawatte oder einer Baseball-Mütze. Auf Seite 27 finden Sie zudem eine kurze Einführung in die Regeln des Baseball, da viele Redewendungen aus dieser Sportart kommen.

Ich hoffe, dass Ihnen dieses Buch als nützliche und interessante Informationsquelle dienen wird, und wünsche Ihnen viel Spaß und Erfolg beim Verstehen und Gebrauchen der Redewendungen. Werden Sie zu einem Bessersprecher!

Kai Blum

Kai Blum

Kai Blum wurde 1969 in Rostock geboren und hat in Leipzig Germanistik, Geschichte und Amerikanistik studiert. Nebenher schrieb er dort für eine Lokalzeitung. 1994 wanderte er in die USA aus und wohnte anfangs in Washington, D.C. und später in Virginia sowie South Dakota.

Seit Ende der Neunziger Jahre lebt er in Michigan. Beruflich war er bisher u. a. im Buchhandel, in einer Bibliothek und vor allem im Internet-Bereich tätig. Gegenwärtig leitet er bei einer PR-Agentur in Detroit den Bereich Suchmaschinen-Marketing. Kai Blum erhielt Anfang 2006 die amerikanische Staatsbürgerschaft.

Der Autor bei CONBOOK: www.conbook-verlag.de/autoren/kai-blum

I
KOMMUNIKATIVES

1 BREAK THE ICE

ein Gespräch beginnen
(wörtlich: das Eis brechen)

Wenn Amerikaner sich zum ersten Mal treffen, greifen sie in den ersten Minuten gerne unverfängliche Small-Talk-Themen wie Wetter oder Sport auf, um das »Eis zu brechen« und eine angenehme Gesprächsatmosphäre herzustellen. Die Herkunft dieser Redewendung ist unbekannt, hat aber nichts, wie man vermuten könnte, mit Eisbrecher-Schiffen zu tun, da sie sich schon wesentlich länger im Sprachgebrauch nachweisen lässt.

Beispiele

Here's a tip on how to break the ice during a carpool: Talk about your first car and your carpool partner's first car. (Hier ist ein Tipp, wie sich in einer Fahrgemeinschaft ein Gespräch in Gang bringen lässt: Reden Sie über Ihr erstes Auto und über das erste Auto Ihres Mitfahrers.)

Pop singer Austin Mahone told MTV his favorite ice breaker: "Hey, do you know how much a polar bear weighs? She would say, 'no' and I would say, 'enough to break the ice.'" (Popsänger Austin Mahone hat MTV erzählt, was er am liebsten sagt, um ein Gespräch anzufangen: »Hey, weißt du wie viel ein Eisbär wiegt? Sie würde verneinen und ich würde sagen: ›Genug, um das Eis zu brechen.‹)

Good to know

Amerikaner sind Meister im *small talk,* d. h. sie können sich aus dem Stehgreif über relativ neutrale Themen wie Sport, Wetter oder Straßenverkehr austauschen. Sie nutzen auch gerne Humor, um das Eis zu brechen. Übrigens: Die meisten Amerikaner mögen es nicht, wenn in einem

Gespräch eine längere Pause entsteht. Diese von ihnen als *awkward silence* empfundenen Momente gilt es so gut wie möglich zu vermeiden bzw. zu überbrücken, zur Not eben mit *small talk*.

Nützliche Vokabeln

carpool – Fahrgemeinschaft
polar bear – Eisbär
awkward silence – peinliche Stille

2 CUT TO THE CHASE

auf den Punkt bzw. zur Sache kommen
(wörtlich: Schnitt zum Rennen)

Der Höhepunkt von Stummfilmen war oft eine Verfolgungsjagd per Auto. Viele Filmemacher nahmen einen plötzlichen Szenenwechsel/Schnitt *(cut)* zu einer solchen Jagd *(chase)* vor, also einen *cut to the chase*. In der heutigen Umgangssprache bedeutet diese Redewendung, dass man nicht um den heißen Brei herumredet oder durch weitschweifige Ausführungen Zeit verschwendet, sondern gleich zur Sache kommt.

Beispiele

"Cut to the chase, please! You're wasting my time." (»Komm bitte zur Sache! Du vergeudest meine Zeit.«)

"I'll cut right to the chase: We need to hire more nurses." (»Ich komme gleich auf den Punkt: Wir müssen mehr Pflegepersonal einstellen.«)

"Let me cut right to the chase: I've found no evidence." (»Lassen Sie mich gleich zur Sache kommen: Ich habe keine Beweise gefunden.«)

Fettnäpfchengefahr

Bei der Verwendung von *cut to the chase* sollte man vorsichtig sein, da diese Redewendung unter Umständen doch etwas unhöflich ist. Ein Vorgesetzter kann *"Could you cut to the chase?"* (»Könntest du bitte auf den Punkt kommen?«) zu einem Mitarbeiter sagen, aber nicht umgekehrt.

Good to know

Wenn man gleich zur Sache kommen will, z. B. weil man einem potenziellen Geschäftspartner zufällig im Fahrstuhl oder bei anderen Gelegenheiten begegnet, wo man nur ein bis zwei Minuten Zeit hat, dessen Interesse zu wecken, sollte man sich einen sogenannten *elevator pitch* (wörtlich: Fahrstuhl-Überzeugungsversuch) zurechtlegen, d. h. eine kurze und prägnante Beschreibung, was man macht bzw. vorhat und warum das für den anderen von Interesse sein könnte.

Nützliche Vokabeln

nurse – Krankenschwester, Krankenpfleger
found – fand/fanden (Vergangenheitsform von *find*)
evidence – Beweis

3 SPILL THE BEANS

etwas ausplaudern
(wörtlich: die Bohnen verschütten)

Im antiken Griechenland wurden bei geheimen Wahlen weiße und schwarze Bohnen in eine Wahlurne geworfen, wobei die weißen »Ja« und die schwarzen »Nein« bedeuteten. Wenn jemand aus Versehen oder mit Absicht das Gefäß umstieß und die Bohnen verschüttet wurden, konnte man unter Umständen schon vorzeitig das Ergebnis der Abstimmung erkennen. *Spill the beans* bezieht sich heute in vielen Fällen auf ein versehentliches Ausplaudern, hat mitunter aber auch die Bedeutung der Redewendung »aus dem Nähkästchen plaudern«.

Beispiele

"You shouldn't have told your sister. She spilled the beans yesterday and now everyone knows." (»Du hättest es deiner Schwester nicht erzählen sollen. Sie hat es gestern ausgeplaudert und jetzt wissen es alle.«)

In his book, 'On Writing,' Stephen King spilled the beans on how he came up with the character Carrie. (In seinem Buch *Das Leben und das Schreiben* gab Stephen King preis, wie ihm die Idee zu der Figur Carrie kam.)

Good to know

In den USA ist es üblich, Kommas nicht nach, sondern innerhalb von Anführungszeichen zu setzen, und zwar nicht nur wie im obigen Beispiel am Ende von Buch- oder Filmtiteln, sondern auch am Ende von wörtlicher Rede. Zudem werden die Anführungszeichen auch am Beginn der wörtlichen Rede oben geschrieben. Ein Beispiel: *"The leader of the Catholic Church is raising profound issues," said Sanders.* (»Der Führer der katholischen Kirche wirft tiefreichende Fragen auf«, sagte Sanders.)

Nützliche Vokabeln

quotation mark – das Anführungszeichen
direct speech – wörtliche Rede

4 HEAR SOMETHING THROUGH THE GRAPEVINE

zu Ohren bekommen
(wörtlich: durch die Weinranke hören)

Zur Zeit des amerikanischen Bürgerkrieges gab es zwar schon den Telegrafen, die Sklaven jedoch mussten Informationen mündlich untereinander weiterleiten. Diese Art der Übermittelung wurde *grapevine telegraph* genannt, da sich die Nachrichten wie über Ranken verbreiteten. Die Redewendung *hear something through the grapevine* wird seitdem gebraucht, um auszudrücken, dass man etwas über Umwege erfahren hat. Barrett Strong und Norman Whitfield griffen die Redewendung 1966 auf und schrieben den Song *I Heard It Through the Grapevine* für Motown Records. Zwei Jahre später hatte Marvin Gaye einen Riesenhit damit.

Beispiele

More and more people hear about good restaurants through the social media grapevine. (Immer mehr Leute erfahren von guten Restaurants über soziale Medien.)

"I heard through the grapevine that you want to sell the company." – "That's complete B.S." (»Es ist mir zu Ohren gekommen, dass du die Firma verkaufen willst.« – »Das ist totaler Quatsch.«)

"I heard through the grapevine that Brian is looking for a new job." (»Mir ist zu Ohren gekommen, dass Brian auf der Suche nach einer neuen Arbeit ist.«)

Good to know

Eine Gerüchteküche bezeichnen die Amerikaner als *rumor mill.* Dieser Begriff wird seit Ende des 19. Jahrhunderts

verwendet, als das Substantiv *mill* nicht nur in der Bedeutung »Mühle«, sondern auch als Bezeichnung für eine Fabrik benutzt wurde, sodass es sich bei einer *rumor mill* also um eine »Gerüchtefabrik« handelt.

Nützliche Vokabeln

heard – hörte/hörten (Vergangenheitsform von *hear*)
rumor – Gerücht
B.S. (kurz für: *bull shit*) – Blödsinn, Quatsch

5 Keep someone in the loop

jemanden auf dem Laufenden halten
(wörtlich: jemanden in der Schleife behalten)

Diese Redewendung wird seit den 1970er-Jahren oft im Geschäftsleben verwendet und besagt, dass jemand über Veränderungen bzw. Entwicklungen auf dem Laufenden gehalten wird. Das Gegenteil, *keep someone out of the loop,* ist weniger häufig zu hören.

Es wird vermutet, dass diese Redewendungen aus der Telekommunikationstechnik bzw. Computerwissenschaft stammen und im technischen Sinne erstmals in den 1940er-Jahren gebraucht wurden.

Beispiele

"I have no idea what's going on, my boss didn't keep me in the loop about the RFP." (»Ich habe keine Ahnung, was los ist. Mein Chef hat mich nicht auf dem Laufenden gehalten, was die Ausschreibung betrifft.«)

"Please keep me in the loop about any changes in the SOW." (»Halte mich bitte auf dem Laufenden über jedwede Änderungen im Lastenheft.«)

"He often keeps me out of the loop." (Er hält mich oft nicht auf dem Laufenden.)

"Can you please keep me in the loop and cc me on all emails that you send to him?" (»Kannst du mich bitte auf dem Laufenden halten und mich bei allen E-Mails, die du an ihn schickst, in Kopie setzen?«)

Good to know

Die Abkürzung *cc* im E-Mail-Fenster bedeutet *carbon copy.* Dieser Begriff beruht auf dem früher häufig für die Anfertigung eines Durchschlags *(copy)* verwendeten Kohlepapier *(carbon paper).* In der Umgangssprache wird *cc* oft, wie im obigen Beispiel, als Verb verwendet. Als Alternative kann man aber durchaus *copy* benutzten: *"Please copy me on all emails that you send to him."* (»Bitte setze mich bei allen E-Mails, die du an ihn schickst, in Kopie.«) Das trifft auch auf die Vergangenheitsform zu, von der viele Varianten im Umlauf sind: *CCed, cc'd, cc'ed, cc-ed* und *cc:'d.* Wem die Wahl schwer fällt, könnte aber auch einfach *copied* schreiben.

Nützliche Vokabeln

request for proposal (RFP) – Ausschreibung
statement of work (SOW) – Lastenheft (von einem Auftraggeber festgelegte Gesamtheit der Forderungen an die Lieferungen und Leistungen eines Auftragnehmers innerhalb eines Auftrages)

6 Bring someone up to speed

jemanden auf den neuesten Stand bringen
(wörtlich: jemanden auf Tempo bringen)

Ein Vorgesetzter oder Kollege, der ein paar Tage nicht da war oder der verspätet zu einem Meeting kommt, wird nicht selten mit den Worten *"Could you bring me up to speed, please?"* dazu auffordern, hinsichtlich eines Projektes kurz und bündig auf den neuesten Stand gebracht zu werden. Während sich diese Redewendung seit Anfang der 1970er-Jahre, wo sie auch in den Anhörungen zur Watergate-Affäre verwendet wurde, auf die Vermittlung von Informationen bezieht, wird allgemein auf einen Ursprung im technischen Bereich verwiesen, wo schon in der zweiten Hälfte des 19. Jahrhunderts in amerikanischen Zeitungen die Rede davon war, Maschinen *up to speed,* d. h. auf ihre Betriebsgeschwindigkeit zu bringen. Allerdings lassen sich auch schon frühere Verwendungsbeispiele, z. B. im Zusammenhang mit Pferderennen finden. Statt *bring* wird oft auch *get* verwendet: *get someone up to speed.*

Beispiele

"We need to bring Mike up to speed when he comes back tomorrow." (»Wir müssen Mike auf den neuesten Stand bringen, wenn er morgen zurück kommt.«)

The city is working hard to get its aging transportation system up to speed. (Die Stadt arbeitet hart daran, ihr alterndes Verkehrssystem auf den neuesten Stand zu bringen.)

Good to know

Apropos *speed:* Die Höchstgeschwindigkeit auf amerikanischen Autobahnen unterscheidet sich je nach Bundesstaat. In den meisten Staaten in der Osthälfte der USA liegt sie bei 70 mph (113 km/h) und in der Mehrheit der Staaten in der Westhälfte bei 75 mph (121 km/h). In Kalifornien und Washington State liegt sie allerdings auch bei 70 mph, in Oregon und Alaska sogar bei nur 65 mph (105 km/h). Auf einigen Streckenabschnitten in Idaho, South Dakota, Utah und Wyoming sind 80 mph (129 km/h) erlaubt. In Texas wird die Höchstgeschwindigkeit durch die Verwaltungsbezirke festgelegt und liegt zwischen 65 und 85 mph (137 km/h).

Nützliche Vokabeln

operating speed – Betriebsgeschwindigkeit
speed limit – Höchstgeschwindigkeit
mph (miles per hour) – Meilen pro Stunde (1 mph = ca. 1,6 km/h)

7 PREACHING TO THE CHOIR

offene Türen einrennen
(wörtlich: zum Kirchenchor predigen)

Diese Redewendung wurde in den USA geprägt und wird wahrscheinlich erst seit 1973 verwendet. Sie greift aber auf eine ältere Redewendung zurück, die bereits seit Mitte des 19. Jahrhunderts gebraucht wurde, heute aber nur noch selten zu hören ist: *preaching to the converted* (zu den Konvertierten predigen). In beiden Fällen bedeutet sie, dass man seine Meinung denjenigen gegenüber kundtut, die gar nicht mehr überzeugt werden müssen.

Beispiele

Johnson might have been preaching to the choir in his remarks: the only lawmakers in attendance at the meeting were Democrats. (Johnson mag mit seinen Ausführungen offene Türen eingerannt haben, denn die einzigen Abgeordneten, die an dem Meeting teilnahmen, waren Demokraten.)

"If you only play to Christians, then you're preaching to the choir and not reaching people who may need to discover Jesus' love," said Adam Klutinoty, lead guitarist and vocalist for the band About a Mile — so named because Jesus carried the cross for about a mile. (»Wenn du nur für Christen spielst, dann rennst du offene Türen ein und erreichst keine Leute, die die Liebe Jesu noch entdecken müssen«, sagte Adam Klutinoty, der Leadgitarrist der Band *About a Mile*, die sich diesen Namen gegeben hat, weil Jesus das Kreuz ungefähr eine Meile weit getragen hat.)

Good to know

Christliche Rockmusik ist in den USA außerordentlich populär. Es gibt mehr als 1.000 lokale Radiosender, die nichts anderes spielen, und mehrere große Festivals, z. B. das *Creation Festival,* das jedes Jahr von bis zu 100.000 Fans besucht wird.

Nützliche Vokabeln

remark – Bemerkung, Anmerkung, Ausführung
Christian rock music – christliche Rockmusik
creation – Schöpfung

8 (White) Elephant in the (Living) Room

ein totgeschwiegenes Problem
(wörtlich: ein (weißer) Elefant im (Wohn-)Zimmer)

Diese Redewendung hat einen Bedeutungswandel erlebt. 1959 schrieb *The New York Times* noch: *"Financing schools has become a problem about equal to having an elephant in the living room. It's so big you just can't ignore it."* (»Die Finanzierung der Schulen ist zu einem Problem geworden, das in etwa so groß ist, als hätte man einen Elefanten im Wohnzimmer. Es ist so groß, dass man es einfach nicht ignorieren kann.«)

Heute beschreibt *elephant in the living room* ein Riesenproblem, dessen sich alle bewusst sind, über das aber niemand redet. Statt *elephant* wird nicht selten auch *800 pound gorilla* verwendet. Zur Herkunft gibt es verschiedene Theorien. Die Variante *white elephant in the room* geht auf Mark Twains 1882 erschienene Erzählung *The Stolen White Elephant* zurück, in der die linkischen Ermittlungen von Detektiven, die einen gestohlenen weißen Elefanten suchen, geschildert werden. Der britische Philosoph George Berkeley hatte allerdings bereits im 18. Jahrhundert von einem unsichtbaren Elefanten im Zimmer *(an invisible elephant in the room)* gesprochen.

Beispiele

"The school took swift measures to restore order, but its principal refuses to name the culprit at the root of it all. I don't mean individual perpetrators, I mean the elephant in the room: racism." (»Die Schule ergriff schnelle Maßnahmen, um die Ordnung wieder herzustellen, aber ihr Direktor weigert sich, den grundsätzlichen Schuldigen zu nennen. Damit meine ich keine individuellen Täter, sondern das totgeschwiegene Problem des Rassismus.«)

Carson said that the library was discontinuing the bookmobile. "It has been a white elephant in the room for a long time. It has been extremely costly to maintain." (Carson sagte, dass die Bibliothek den Bücherbus einstellt. »Dieser war seit Langem ein totgeschwiegenes Problem. Es war extrem teuer, ihn zu unterhalten.«)

Good to know

In den USA gibt es mehr als 9.000 Stadt- bzw. Gemeindebibliotheken mit insgesamt mehr als 136.000 Mitarbeitern und 170 Millionen registrierten Lesern. Der Betrieb der Bibliotheken kostet mehr als 10 Milliarden Dollar pro Jahr. Über 84 Prozent dieser Kosten werden von den Städten und Gemeinden aufgebracht, Spenden machen 8 Prozent aus und Zuschüsse der Bundesstaaten 7 Prozent.

Nützliche Vokabeln

public library – Stadt- bzw. Gemeindebibliothek
library card – Leserausweis

9 CLEAR THE AIR

reinen Tisch machen
(wörtlich: die Luft rein machen)

Nichts reinigt die Luft so gut wie ein Gewitter. Seit Ende des 19. Jahrhunderts wird *clear the air* verwendet, um auszudrücken, dass Missverständnisse, Unklarheiten und schwelende Konflikte durch eine Aussprache aus dem Weg geräumt und eine vergiftete Atmosphäre gereinigt werden können.

BEISPIELE

Actor Ben Stiller is disappointed he never got the chance to clear the air with Joan Rivers to end their years-long feud before her death last year. (Der Schauspieler Ben Stiller ist enttäuscht, dass er keine Gelegenheit hatte, reinen Tisch mit Joan Rivers vor ihrem Tod im letzten Jahr zu machen, um den jahrelangen Kleinkrieg zwischen den beiden zu beenden.)

Instagram cleared the air about posting nude images to the site. Users are not allowed to post pictures or videos, nor digitally-created content that show sexual intercourse, genitals, or close-ups of fully-nude buttocks. Images of nipples are also not allowed. (Instagram hat reinen Tisch gemacht, was das Hochladen von Nacktfotos betrifft. Nutzer dürfen keine Bilder oder Videos bzw. digitale Inhalte hochladen, die Geschlechtsverkehr, Genitalien oder Großaufnahmen von komplett nackten Hintern zeigen. Bilder von Brustwarzen sind ebenfalls nicht erlaubt.)

GOOD TO KNOW

Wenn wir schon einmal beim Thema Luft sind: Die Städte, wo diese nach Angaben der *American Lung Association* kontinuierlich am saubersten ist, sind: Bangor (Maine), Bismarck (North Dakota), Cape Coral-Fort Myers (Florida) und Salinas (Kalifornien).

Nützliche Vokabeln

air pollution – Luftverschmutzung
feud – Fehde, Kleinkrieg
talk things out – eine Aussprache führen

10 STRAIGHT FROM THE HORSE'S MOUTH

aus erster Hand, direkt von der Quelle
(wörtlich: direkt aus dem Maul des Pferdes)

Unter Leuten, die bei Pferderennen wetten, sind Insiderinformationen sehr begehrt. Wer einen guten Draht zu den Menschen hat, die direkt mit einem Pferd zu tun haben und über die aktuelle Form des Tieres Bescheid wissen, hat hier einen Vorteil. Wer das jedoch noch übertrumpfen will, sagt, dass er die Informationen *straight from the horse's mouth* hat.

Diese Redewendung gibt es unter Freunden des Pferderennsports etwa seit Beginn des 20. Jahrhunderts.

Beispiele

The Sony Xperia Z4 has been announced in Sony's home country of Japan. If you want to find out about the new phone straight from the horse's mouth, you'd better have Google Translate ready. (Das Sony Xperia Z4 wurde in Sonys Heimatland Japan angekündigt. Wer etwas über das neue Telefon aus erster Hand erfahren will, sollte besser Google Translate griffbereit haben.)

"I need to get the story straight from the horse's mouth, so to speak, or I can't cover it. It's something this paper feels very strongly about." (»Ich muss die Geschichte sozusagen aus erster Hand bekommen, sonst kann ich sie nicht berichten. Das ist etwas, dass diese Zeitung sehr wichtig nimmt.«)

GOOD TO KNOW

Die auflagenstärksten Zeitungen in den USA sind die überregionalen *Wall Street Journal* mit rund 2,4 Millionen Exemplaren täglich, *The New York Times* mit rund 1,9 Millionen Exemplaren und *USA Today* mit rund 1,7 Millionen Exemplaren. Die auflagenstärkste Regionalzeitung ist die *Los Angeles Times* mit rund 650.000 Exemplaren. Die älteste Tageszeitung ist die *Hartford Courant* in Connecticut, die seit 1764 erscheint.

NÜTZLICHE VOKABELN

circulation – Auflagenhöhe
subscription – Abonnement
subscriber – Abonnent

11 NO MATTER HOW YOU SLICE IT

ganz gleich, wie man es betrachtet
(wörtlich: ganz gleich, wie du es zerschneidest)

No matter how you slice it eignet sich gut als Einleitung einer Erwiderung, falls jemand Zweifel an einer Darstellung äußert. Da Amerikaner sich in der Regel bemühen, Konfrontationen zu vermeiden, verwenden sie auch gern *we* statt *you* und sagen daher mitunter *no matter how we slice it.* In der deutschen Übersetzung ist das Wort »man« eine gute Wahl.

BEISPIELE

No matter how you slice it, Samsung had another bad quarter and all of the hype surrounding their new S6 was simply unjustified. (Ganz gleich, wie man es betrachtet, hatte Samsung ein weiteres schlechtes Quartal, und der ganze Rummel um das neue S6 war einfach nicht gerechtfertigt.)

No matter how you slice it, April sales were downright weak. Any claim that the weak numbers at the start of the year were solely the result of cold weather has now been squashed. (Ganz gleich, wie man es betrachtet, waren die Verkaufszahlen im April geradezu schwach. Jedwede Behauptung, dass die schwachen Zahlen zu Anfang des Jahres einzig die Folge des kalten Wetters waren, ist damit aus der Welt geräumt.)

Good to know

Die meisten Amerikaner kaufen vorzugsweise geschnittenes Brot und sind daher froh über die Erfindung der industriellen Brotschneidemaschine durch den Deutschamerikaner Otto Frederick Rohwedder, die ab 1928 Einzug in die amerikanischen Bäckereien hielt und die Markteinführung des modernen Toasters im Jahr 1925 hervorragend ergänzte.

Sie bereicherte zudem die amerikanische Alltagssprache um die Redewendung *the best thing since sliced bread* (»das Beste seit geschnittenem Brot«), die extremes Lob für ein neues Produkt oder einen neuen Service ausdrückt.

Nützliche Vokabeln

hype – Medienrummel, aufgebauschte Darstellung
squash – aus der Welt räumen, vernichten, zerquetschen

12 TOUCH BASE

kurz Kontakt aufnehmen
(wörtlich: die Basis berühren)

Eine von vielen Redewendungen, die aus dem Baseball kommen. Wenn die Spieler der Mannschaft, die das Schlagrecht hat, den quadratischen Innenraum des Feldes umlaufen, müssen sie jede *base* berühren, also ihren Fuß auf die jeweilige weiße Eckplatte setzen. Die Redewendung *touch base* wird vorwiegend im Geschäftsleben verwendet, um auszudrücken, dass man mit jemandem, den man bereits kennt, kurz Kontakt aufnimmt. Auch wird sie gerne als Einleitungsfloskel bei Telefonaten und E-Mails verwendet, wenn man jemanden ohne scheinbaren Grund anruft bzw. anschreibt. (Meistens gibt es doch ein Anliegen, dass man aber erst später vorbringt, um nicht gleich mit der Tür ins Haus zu fallen, besonders wenn man mit jemandem längere Zeit keinen Kontakt hatte.)

Beispiele

"I just wanted to touch base and see how things are going with you." (»Ich wollte mich nur mal kurz melden und sehen, wie die Dinge bei dir laufen.«)

"Let's touch base on this matter next week." (»Lass uns nächste Woche diese Angelegenheit kurz miteinander abstimmen.«)

"Sarah, can you touch base with Michael? We need his report by the end of the day." (»Sarah, kannst du dich bei Michael melden? Wir brauchen seinen Bericht vor Dienstschluss.«)

Good to know

Anordnungen werden im amerikanischen Arbeitsleben in der Regel als Fragen oder Bitten und mitunter auch als scheinbare Vorschläge formuliert. Trotzdem hat man keine Wahl und sollte den Wunsch des Vorgesetzten erfüllen. Auch wird in den USA weniger selbstständig gearbeitet, vielmehr ist ein ständiges Nachfragen und Beaufsichtigen durch den Manager der Normalfall.

Nützliche Vokabeln

get in touch with (someone) – (jemanden) kontaktieren
Keep in touch! – Lass den Kontakt nicht abrechen!

PUTTING IT ALL TOGETHER

★ **BITTE ERGÄNZEN SIE DIE FEHLENDEN WÖRTER!**

Unterhalb stehen die Wörter, die im Text fehlen. Wenn Sie sich die Aufgabe ein wenig erschweren möchten, sollten Sie diese mit der Hand oder einem Blatt Papier verdecken.

When Ann picked up the phone and asked why I called, I told her that I wanted to touch _______ with her. In order to break the _______, I talked about the weather and how it had affected sales.

But Ann said: "_______ to the chase! What do you want?"

I replied: "I don't want to spill the _______, but I heard through the _______ that Mike is leaving the company."

"I know. I got it straight from the horse's _______. I was out for a few days, but Mike brought me up to _______ himself when I came back this morning."

She paused for a moment. Then she said: "Apparently, he told Bob last night that he wanted to sell his share in the company. He said he wasn't happy here."

"That was pretty much an _______ in the room for years, wasn't it?"

"Maybe. I just don't understand why he never had the courage to _______ the air."

"I agree. Well, no matter how you _______ it, this could mean trouble for the company."

"You're _______ to the choir."

"Good, I thought so. Listen, Ann, I would really appreciate it if you could keep me in the _______. I need to know what's going to happen now."

Hier die Liste der Wörter, die im obigen Text fehlen:
loop / ice / mouth / slice / speed / clear / beans / base / preaching / elephant / grapevine / cut

Die richtigen Lösungen finden Sie auf Seite 266.

Eine Einführung in Baseball in 500 Worten

Viele amerikanische Redewendungen kommen aus dem Baseball und lassen sich besser verstehen, wenn man zumindest die Grundregeln des Spiels kennt. Die Kenntnis der Regeln trägt zudem ganz wesentlich dazu bei, dass man beim Besuch eines Baseball-Spiels mehr Spaß hat und seinen amerikanischen Freunden nicht mit Fragen auf die Nerven geht. Außerdem kann man sein Regelwissen beim Freizeitsport *kickball* anwenden, wo der Ball nicht geschlagen, sondern mit dem Fuß getreten wird.

Hier nun also der Versuch, Baseball in 500 Worten zu erklären:

Das Spielfeld hat die Form eines Viertelkreises. Die geraden Kanten sind 90 bis 120 Meter lang und die gerundete Seite wird in Stadien durch die Zuschauerränge oder auf Sportplätzen durch einen Zaun abgegrenzt. Das Feld besteht aus einem *infield* und einem *outfield.* Das *infield* ist ein Quadrat mit einer Kantenlänge von ca. 27 Metern, an deren Ecken sich weiße Gummiplatten, die drei *bases* und die *homeplate,* befinden. In der Mitte ist ein kleiner Hügel *(mound).* Da das *infield* rautenförmig ins Spielfeld ragt, wird es auch *diamond* genannt. Das *outfield,* der Name sagt es, ist der Teil des Viertelkreises außerhalb des *infield.*

Das Spiel ist in neun Abschnitte *(innings)* unterteilt, die jeweils aus zwei Hälften bestehen. Die Auswärtsmannschaft hat in der ersten Hälfte *(top of the inning)* das Schlagrecht, die Heimmannschaft in der zweiten Hälfte *(bottom of the inning)*. Die Reihenfolge der

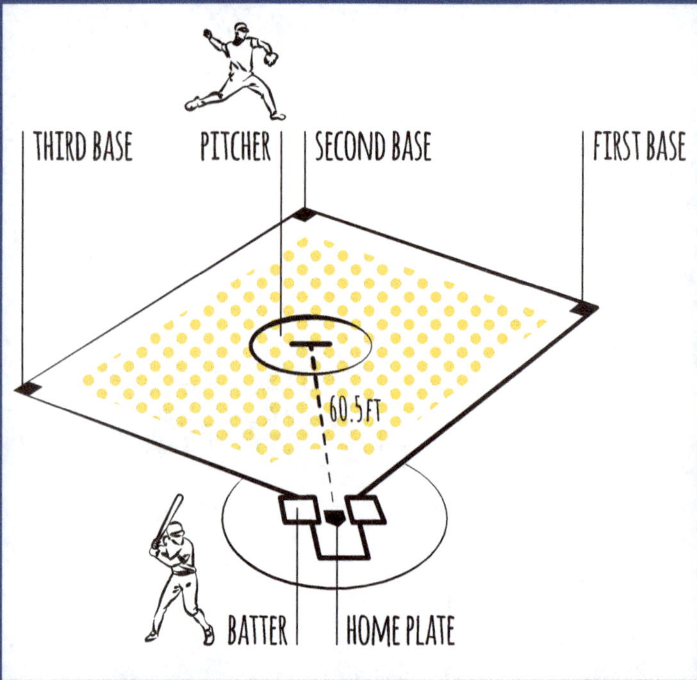

schlagenden Spieler, die *batting order,* wird vom Trainer vor dem Spiel festgelegt und dem Schiedsrichter mitgeteilt. Das Team mit Schlagrecht versucht zu punkten, indem seine Spieler die *bases* ablaufen. Jeder Spieler, der alle drei *bases* abläuft und es zurück zum Ausgangspunkt *(homeplate)* schafft, erzielt einen Punkt *(run).* Voraussetzung dafür ist, dass der *batter,* der Spieler des angreifenden Teams, der mit dem Schlagen an der Reihe ist, den Ball gut trifft. Dieser wird vom *pitcher* des verteidigenden Teams, der auf dem *mound* steht, geworfen.

Der *pitcher* versucht, den Ball in einer schwer berechenbaren Flugbahn zu werfen. Da der Ball vom *catcher,* seinem hinter dem gegnerischen *batter* hockenden Mitspieler, gefangen werden muss, zeigt der *pitcher* durch Geheimzeichen die geplante Wurfbahn an.

Die anderen Spieler des verteidigenden Teams stehen über das Spielfeld verteilt und versuchen den geschlagenen Ball unter Kontrolle zu bringen, um ein Punkten des Gegners zu verhindern. Je länger sie dazu brauchen, desto mehr Zeit haben die Spieler des angreifenden Teams, die *bases* abzulaufen und *runs* zu erzielen.

Nach dem Schlag wird der *batter* zum *runner* und muss versuchen, wenigstens zur ersten *base* zu kommen. Sollte es ihm gelingen, den Ball in die Zuschauerränge zu schlagen und alle *bases* auf einmal abzulaufen, erzielt er einen *homerun.*

Meistens kommen die Spieler jedoch nur zur nächsten *base.* Wenn alles gut läuft, sind nach einigen Schlägen alle drei *bases* mit Spielern besetzt, d. h. die *bases are loaded.* Sollte nun ein guter Schlag gelingen, können es unter Umständen vier Spieler zur *homeplate* schaffen und punkten.

Wird der Ball jedoch vor Berühren des Bodens gefangen, ist der *batter* automatisch *out.* Wenn der Ball auf dem Boden landet, aufgehoben und zu einem Mitspieler geworfen wird, der mit einem Fuß auf einer *base* steht und den Ball fängt, bevor der *runner* dort ankommt, ist dieser ebenfalls *out.* Ein *runner,* der gerade keine *base* berührt, ist auch *out,* wenn er von einem Feldspieler mit dem Ball oder mit dem Handschuh, in dem sich der Ball befindet, berührt wird. Sobald drei Spieler *out* sind, wird gewechselt.

Ziel des Spieles ist, mehr *runs* zu erzielen als der Gegner. Falls notwendig, werden zusätzliche *innings* gespielt, um das Spiel zu entscheiden.

II
KOMPETITIVES

13 AHEAD OF THE CURVE

der breiten Masse voraus sein
(wörtlich: der Kurve voraus sein)

Für diese Redewendung gibt es zwei Erklärungen, eine aus dem Sport und eine aus der Statistik. Um die Sport-Erklärung zu verstehen, muss man wissen, was ein *curveball* im Baseball ist: Es handelt sich dabei um einen Ball, der durch eine geschickte Handbewegung des Werfers in einem Bogen fliegt und es dem Schlagmann dadurch wesentlich erschwert, den Ball zu treffen.

Ein guter Schlagmann kann allerdings die bogenhafte Flugbahn *(curve)* voraussehen und seinen Schläger schon dorthin bewegen, wo der mit hoher Geschwindigkeit fliegende Ball ankommen wird, d. h. der Schlagmann ist gedanklich *ahead of the curve.*

Die Herleitung aus der Statistik bedeutet, dass man nicht zum Durchschnitt gehört, der durch eine mathematische Kurve (ebenfalls *curve*) dargestellt werden kann, sondern vor den anderen liegt, also *ahead of the curve.* Umgangssprachlich bedeutet diese Redewendung schlicht, anderen voraus zu sein.

Beispiele

Amazon.com is ahead of the curve in online book selling. (Amazon.com ist allen anderen im Online-Buchhandel voraus.)

Boston's police department is ahead of the curve in the use of face recognition software. (Die Polizei von Boston ist anderen Polizeibehörden bei der Anwendung von Gesichtserkennungssoftware voraus.)

Some business owners are ahead of the curve by proactively raising the minimum wage. (Einige Geschäftsleute sind den anderen voraus, indem sie in Eigeninitiative den Mindestlohn erhöhen.)

Good to know

In den USA gibt es einen landesweiten Mindestlohn von aktuell $ 7,25. Mehr als die Hälfte der Bundesstaaten sowie verschiedene Städte haben allerdings höhere Mindestlöhne festgelegt, Spitzenreiter ist momentan Washington State mit $ 9,47.

Kellner und Kellnerinnen haben jedoch in der Regel nur Anspruch auf etwa den halben Mindestlohn, da ihr Einkommen hauptsächlich aus Trinkgeldern besteht. (Stand: 2015)

Nützliche Vokabeln

be proactive – vorausschauend tätig werden
minimum wage – Mindestlohn

14 PLAY HARDBALL

mit harten Bandagen kämpfen
(wörtlich: Hartball spielen)

Da es mit *softball* eine Alternative zum *baseball* gibt, wird letztere Sportart mitunter auch *hardball* genannt. Baseball wird ausschließlich von Männern gespielt und ist ein Profisport, *softball* dagegen eine Schul- und Breitensportart, deren Erwachsenen-Teams oft aus Frauen und Männern bestehen. Das Spielfeld ist kleiner und der Ball wird mit einem weniger kraftvollen Unterhandwurf ins Spiel gebracht.

Beim Baseball wird der Ball also wesentlich härter geworfen und es kann unter Umständen sogar zu ernsthaften Verletzungen kommen, wenn man von dem Ball getroffen wird. Die Redewendung *to play hardball,* die in den 1970er-Jahren aufgekommen ist, drückt eine unnachgiebige Haltung aus.

Beispiele

India will play hardball at the United Nations climate summit in New York next week. (Indien wird beim Klimagipfel der Vereinten Nationen nächste Woche in New York mit harten Bandagen kämpfen.)

The U.S. government's unwillingness to stop Amazon.com from using hardball tactics in fights with book publishers has angered book lovers. (Der Widerwille der US-Regierung, Amazon.com davon abzuhalten, im Konflikt mit Buchverlagen unnachgiebige Taktiken anzuwenden, hat Buchliebhaber verärgert.)

Good to know

Der beim Softball benutzte Ball ist trotz seines Namens nicht gerade weich. Sein Durchmesser ist allerdings 8 cm größer als der eines Baseballs und die Wurfgeschwindigkeit wesentlich geringer. Softball wurde 1887 als *indoor baseball* (Hallen-Baseball) ins Leben gerufen und diente Baseball-Spielern in kälteren Gegenden dazu, auch im Winter in Form zu bleiben.

Nützliche Vokabeln

climate summit – Klimagipfel
unwillingness – Widerwille
anger – verärgern

15 NO STRINGS ATTACHED

ohne daran geknüpfte Bedingungen bzw. Einschränkungen
(wörtlich: keine Schnüre angeheftet)

Bei hochwertigen Stoffen werden Stellen, die mangelhaft sind, vom Händler durch Fäden *(strings)* gekennzeichnet, bevor er seine Ware an den Schneider schickt. Dieser weiß dann Bescheid und verarbeitet den Stoff entsprechend. Falls ein Schneider mangelfreien Stoff für eine bestimmte Länge braucht, teilt er diese dem Stoffhändler mit dem Zusatz *no strings attached* mit. Da es um 1900 wesentlich mehr Schneider als heute gab, fand dieser Fachbegriff als Redewendung Einzug in die Umgangssprache. Mitunter hört man auch das Gegenteil: *to come with strings attached* (an Bedingungen gekoppelt sein).

Beispiele

The MacArthur Fellowship is a prize awarded annually by the John D. and Catherine T. MacArthur Foundation to anywhere between 20 and 40 individuals. These so-called genius grants of $625,000 each are being given with no strings attached. (Das MacArthur Fellowship ist eine Auszeichnung, die von der *John D. and Catherine T. MacArthur Foundation* jedes Jahr an 20 bis 40 Personen verliehen wird. Diese sogenannten Genie-Stipendien in einer Höhe von jeweils 625.000 Dollar werden ohne daran geknüpfte Bedingungen vergeben.)

Minnesota Senate Republicans proposed giving school districts additional funding, about $175 per student in 2016. The money would come without any strings attached and allow school districts to determine on their own how to use the additional dollars. (Die Republikaner im Senat von Minnesota haben vorgeschlagen, Schulbezirken zusätzliche Mittel zur Verfügung zu stellen, ca. $ 175 pro Schüler für das Jahr 2016. Mit dem Geld würden keine Bedingungen verbunden sein und die Schulbezirke könnten selbst bestimmen, wie die zusätzlichen Mittel genutzt werden.)

Good to know

49 US-Bundesstaaten haben ein Zweikammerparlament mit jeweils einem *House of Representatives* und einem *Senate*. Lediglich Nebraska hat nur eine Kammer, die *Nebraska Legislature*. Mit nur 49 Mitgliedern ist sie das kleinste Parlament aller Bundesstaaten. Die Wähler stimmten 1934 dafür, das *House of Representatives* abzuschaffen

und dem *Senate* alle Aufgaben zu übertragen. Aus diesem Grund tragen die Abgeordneten auch heute noch den Titel *Senator.*

NÜTZLICHE VOKABELN

foundation – Stiftung
school district – Schulbezirk

16 KNOCK IT OUT OF THE PARK

sogleich eine hervorragende Leistung vollbringen
(wörtlich: es aus dem Stadion herausschlagen)

Wenn der Schlagmann im Baseball den Ball so hart und gut trifft, dass er aus dem Stadion *(ballpark)* oder zumindest in die Zuschauerränge fliegt, kann er in Ruhe von Platte zu Platte laufen und einen *home run* erzielen. Falls jemand eine hervorragende Leistung bzw. ausgezeichnete Resultate im Berufsleben erzielt, besonders an einem neuen Arbeitsplatz oder beim ersten Versuch, wird daher oft umgangssprachlich gesagt: *He knocked it out of the park!*

BEISPIELE

"Our new salesman knocked it out of the park. He sold three cars on his first day!" (»Unser neuer Verkäufer war klasse. Er hat an seinem ersten Arbeitstag drei Autos verkauft!«)

"Our new intern really tries to knock it out of the park." (»Unser neuer Praktikant versucht wirklich, von Anfang an hervorragende Leistungen zu bringen.«)

The soprano knocked it out of the park. She received standing ovations after every performance. (Die Sopranistin war unglaublich gut. Sie erhielt stürmischen Applaus nach jeder Vorstellung.)

Good to know

Eine weitere Redewendung, die einen prompten Start beschreibt, ist *right off the bat* und bezieht sich darauf, dass ein Ball im Baseball gut mit dem Schläger *(bat)* getroffen wird und mit hoher Geschwindigkeit davonfliegt: *He did a great job right off the bat.* (Er leistete von Anfang an gute Arbeit.)

Nützliche Vokabeln

salesman – Verkäufer
sold – verkaufte/verkauften (Vergangenheitsform von *sell*)
standing ovations – stürmischer Applaus
performance – Vorstellung, Auftritt, Leistung

17 HAVE THE UPPER HAND

überlegen sein
(wörtlich: die obere Hand haben)

Sandlot ball ist die Baseballversion von Straßenfußball. Kinder und Jugendliche spielen auf einem improvisierten Platz in ihrer Nachbarschaft. Vor Beginn des Spieles wird in einer einfachen Prozedur ermittelt, welches Team zuerst schlagen wird: Ein Spieler hält einen Baseballschläger am unteren Ende und ein anderer Spieler greift den Schläger unmittelbar darüber. Das geht immer abwechselnd bis einer der beiden Spieler den Schläger am oberen Ende hält und seine Mannschaft als erstes schlagen darf. Diese Redewendung gibt es auch in den beiden Varianten *get the upper hand* und *gain the upper hand,* die sich beide mit »die Oberhand gewinnen« übersetzen lassen.

Beispiele

The problem is that the militias now have the upper hand. (Das Problem besteht darin, dass die Milizen jetzt überlegen sind.)

This new technology finally gives banks the upper hand over hackers. (Diese neue Technologie gibt Banken endlich Überlegenheit gegenüber Hackern.)

Firefighters appeared to be gaining the upper hand on wildfires south and east of the city. (Feuerwehrleute schienen die Oberhand gegen Waldbrände südlich und östlich der Stadt zu gewinnen.)

Good to know

Riesige Waldbrände sind leider keine Seltenheit in den USA. Besonders in Kalifornien und North Carolina brennt es sehr oft. Fernsehen und Radio warnen in der Regel vor den Gefahren. Einer Aufforderung zur Evakuierung sollte unbedingt Folge geleistet werden, da es der Feuerwehr oft erst nach Tagen gelingt, die Brände unter Kontrolle zu bringen. Um langfristig große Flächenbrände zu verhindern, werden zu weniger gefährlichen Jahreszeiten mitunter geplante Brände gesetzt, um leicht entflammbares Unterholz zu beseitigen.

Nützliche Vokabeln

wildfire – Waldbrand
controlled burn – planmäßiger Brand zur Verhinderung natürlicher Waldbrände

18 Pushing the envelope

bis an die Grenze des Möglichen bzw. Erträglichen gehen
(wörtlich: den Umschlag drücken)

Diese Redewendung hat nichts mit einem Briefumschlag *(envelope)* zu tun. Vielmehr wurde der aus der Mathematik kommende Begriff *envelope* (eine Kurve, die eine Kurvenschar einhüllt) seit dem Zweiten Weltkrieg in dem Begriff *flight envelope* verwendet. Dieser beschreibt die Grenzwerte, die einen sicheren Flug erlauben, u. a. was Geschwindigkeit, Flughöhe und Reichweite betrifft. Durch *pushing the envelope* wurde getestet, wie weit sich diese Werte verbessern ließen. Nachdem Tom Wolfe diese technische Redewendung 1979 in seinem Bestseller *The Right Stuff*, einem Buch über das amerikanische Raumfahrtprogramm, verwendet hatte, ging sie relativ schnell in die Umgangssprache ein.

Beispiele

The Mars Program is pushing the envelope of what is currently possible in human space flight. (Das Marsprogramm geht an die Grenze dessen, was gegenwärtig in der bemannten Raumfahrt möglich ist.)

Comedians are cultural test pilots, pushing the envelope of what is acceptable public discourse. (Comedians sind kulturelle Testpiloten, die bis an die Grenze dessen gehen, was einen akzeptablen öffentlichen Diskurs darstellt.)

Urban Outfitters is often pushing the envelope of good taste. (*Urban Outfitters* geht oft an die Grenze des guten Geschmacks.)

Good to know

Die Einzelhandelskette *Urban Outfitters* schafft es regelmäßig, durch kontroverse Produkte in die Schlagzeilen zu geraten, in der Vergangenheit u. a. mit *Ghettopoly*, einer von Schwarzen als rassistisch angesehenen Version des Brettspiels *Monopoly*, einem Flachmann mit der Aufschrift *Navajo*, der auf den weitverbreiteten Alkoholismus unter den amerikanischen Ureinwohnern anspielte, und einem T-Shirt mit einem Aufdruck, der einem Judenstern aus dem Dritten Reich ähnlich sah.

Nützliche Vokabeln

board game – Brettspiel
flask – Flachmann

19 BE ON A ROLL

eine Erfolgssträhne haben, nicht aufzuhalten sein
(wörtlich: am Rollen sein)

Sollten sich anhaltend Erfolge einstellen, wenn z. B. eine Mannschaft mehrere Spiele hintereinander gewinnt, dann ist sie *on a roll.* Möglicherweise kommt diese Redewendung vom Würfelspiel, wo ein Wurf als *roll* und mehrere gute Würfe nacheinander als *being on a roll* bezeichnet werden. Die Bildsprache ist auf jeden Fall klar: Wenn etwas rollt, dann ist damit eine gewisse Dynamik und Vorwärtsbewegung verbunden.

Beispiele

"Rochester Hills is on a roll," said Mayor Bryan Barnett. "The state of our city is incredibly strong. In fact, Rochester Hills is rated the best city in Michigan and one of the top 10 in America." (»Rochester Hills ist nicht aufzuhalten«, sagte Bürgermeister Bryan Barnett. »Der Stand der Dinge für unsere Stadt ist unglaublich gut. Rochester Hills wird als beste Stadt in Michigan bewertet und als eine der zehn besten in Amerika.«)

Marian High School's basketball team is on a roll, winning every game by double digits. (Die Basketballmannschaft der Marian High School hat eine Erfolgssträhne und gewinnt jedes Spiel mit einem zweistelligen Punktevorsprung.)

Good to know

Basketball ist eine der wenigen Sportarten, die von einer einzigen Person erfunden wurden. Der kanadische Sportlehrer James Naismith entwickelte sie 1891 in Springfield, Massachusetts. Naismith wollte ein Spiel in der Halle schaffen, durch dessen Ausübung seine Sportler im Winter fit blieben. Zu diesem Zweck ließ er Pfirsichkörbe an die Sporthallenempore nageln. Gespielt wurde mit einem Fußball. Da der Hausmeister jedes Mal mit einer Leiter kommen musste, um den Ball aus den Körben zu holen, wurden deren Böden schließlich entfernt.

Nützliche Vokabeln

dice – Würfel, Würfelspiel
basket – Korb
double-digit – zweistellig

20 THROW ONE'S HAT INTO THE RING

seine Kandidatur erklären, in den Wettbewerb einsteigen
(wörtlich: seinen Hut in den Ring werfen)

Im 19. Jahrhundert haben auf Jahrmärkten Boxkämpfe stattgefunden, an denen sich auch das Publikum beteiligen konnte. Wer zum Kampf antreten wollte, warf einfach seinen Hut in den Boxring. Heutzutage wird diese Redewendung hauptsächlich verwendet, wenn jemand seine Kandidatur für ein Amt bekannt gibt oder ein Unternehmen in neue Bereiche vorstößt.

Beispiele

Biden has raised some eyebrows by appearing in New Hampshire, Iowa, and South Carolina in recent weeks, but the vast majority of Democrats concede it is highly unlikely that the 72-year-old Vice President will throw his hat into the ring. (Biden hat einiges Stirnrunzeln dadurch hervorgerufen, dass er in den letzten Wochen in New Hampshire, Iowa, und South Carolina aufgetreten ist, aber die große Mehrheit der Demokraten räumt ein, dass es sehr unwahrscheinlich ist, dass der 72-jährige Vizepräsident seine Kandidatur erklärt.)

As Staples looks to grapple with an unstable office product market, the company is planning to throw its hat into the small

business lending ring. (Da *Staples* nach Wegen sucht, mit einem instabilen Markt für Büroartikel zurechtzukommen, plant das Unternehmen, in den Bereich der Kreditvergabe für kleine Unternehmen einzusteigen.)

Good to know

Mit der Gründung von *Staples* und *Office Depot* im Jahr 1986 und *OfficeMax* 1988 war das Schicksal der kleinen Einzelhändler für Bürobedarf besiegelt. Die drei Konzerne eröffneten in den ganzen USA riesige Geschäfte, die in Sachen Preis und Produktpalette nicht zu schlagen waren.

2013 übernahm *Office Depot* den kleineren Konkurrenten *OfficeMax*. *Office Depot* wurde seinerseits 2015 von *Staples* gekauft, womit nur ein Konzern für Bürobedarf übrig bleibt. Beide Übernahmen waren mit der Schließung von zahlreichen Filialen verbunden.

Nützliche Vokabeln

office supplies – Büroartikel
staple – Heftklammer

21 DOWN TO THE WIRE

Spannung bis zum Ende des Geschehens
(wörtlich: bis zum Draht)

Im 19. Jahrhundert hing bei Pferderennen ein Draht *(wire)* über der Ziellinie und diente dazu, bei knappen Ausgängen den Sieger zu bestimmen. Wenn die Pferde bis kurz vor der Ziellinie gleichauf lagen, ging der Wettkampf also *down to the wire*. Diese Redewendung wird nun in ähnlichen Umständen verwendet, z. B. wenn der Ausgang eines Geschehens ungewiss ist.

Beispiele

Michigan's gubernatorial election could go down to the wire. Both candidates have enormous financial resources. (Die Gouverneurswahlen in Michigan könnten bis zum Ende spannend bleiben. Beide Kandidaten haben enorme finanzielle Mittel.)

Negotiations between unions and employers are going down to the wire. (Die Verhandlungen zwischen Gewerkschaften und Arbeitgebern bleiben bis zum Ende offen.)

Good to know

Die Redewendung *wire to wire* (von Anfang bis Ende; wörtlich: von Draht zu Draht) ist eng mit *down to the wire* verwandt. Bei den Pferderennen des 19. Jahrhunderts wurde nämlich nicht nur am Ziel ein Draht gespannt, sondern auch am Start, um Fehlstarts zu verhindern. Ein Pferd, das gleich am Start in Führung ging und diese dann bis zum Ziel nicht mehr abgab, lag von Draht zu Draht, also *wire to wire*, vorn.

Heutzutage wird diese Redewendung in Bezug auf eine Vielzahl von Sportarten verwendet, hier zum Beispiel in Sachen Fußball: *Houston Dynamo went wire to wire this season, never falling out of first place from opening day on.* (Houston Dynamo lag von Anfang bis Ende der Saison auf Platz 1.)

Nützliche Vokabeln

opening day – erster Spieltag einer Saison
season – im Kalender: Jahreszeit, im Sport: Saison, im Fernsehen: Staffel

22 RAISE THE BAR

neue Maßstäbe setzen, die Messlatte höher legen
(wörtlich: die Latte höher legen)

Diese Redewendung, die seit den 1970er-Jahren verwendet wird, kommt aus dem Hochsprung und bedeutet im übertragenen Sinne, dass jemand durch hohe Leistungen neue Maßstäbe setzt, denen andere nun ebenfalls gerecht werden müssen, um konkurrenzfähig zu bleiben. Es ist allerdings auch möglich, *to lower the bar,* also die Messlatte niedriger zu legen.

BEISPIELE

The Tesla Model S has raised the bar for what you would expect from an electric car, as well as from a modern luxury car. (Das Tesla Model S hat die Messlatte höher gelegt bezüglich dessen, was man sowohl von einem Elektroauto als auch von einem modernen Luxuswagen erwarten kann.)

"It's going to be all about winning games, raising the bar," said goalkeeper Sean Johnson. "Last year was a good year for me, so I think the only way up for me personally is for the team to actually win games." (»Es wird ganz und gar darum gehen, Spiele zu gewinnen und neue Maßstäbe zu setzen«, sagte Torhüter Sean Johnson. »Letztes Jahr lief gut für mich, jetzt kann es für mich nur noch besser werden, wenn unsere Mannschaft tatsächlich Spiele gewinnt.«)

GOOD TO KNOW

Wenn die Messlatte höher gelegt wurde, kann dem nur dadurch begegnet werden, dass man seine Leistung steigert. Die Amerikaner nennen das *upping your game.* Diese Redewendung kommt aus dem Tennis und wurde Spielern gegenüber verwendet, die den Ball höher schlagen sollten, damit dieser nicht so oft im Netz landete.

Nützliche Vokabeln

track and field – Leichtathletik
high jump – Hochsprung
standard – Maßstab

23 GET IN ON THE GROUND FLOOR

als einer der Ersten bei einer neuen Firma oder Industrie einsteigen
(wörtlich: im Erdgeschoss reinkommen)

Diese Redewendung stammt aus dem späten 19. Jahrhundert, als zunehmend Bürogebäude mit Fahrstühlen gebaut wurden. Sie drückt den Gedanken aus, dass jemand, der bei einem neuen Unternehmen frühzeitig einsteigt, darin bei weiterem Wachstum nach oben getragen wird. Das kann sowohl auf Investoren oder Angestellte im geschäftlichen Bereich als auch auf Mitglieder in Organisationen und Parteien zutreffen.

Beispiele

Many investors are looking for companies where they can get in on the ground floor. (Viele Investoren sind auf der Suche nach Firmen, bei denen sie schon in der Gründungsphase einsteigen können.)

A Denver company has developed a new machine that dries out wet cell phones. TekDry says 22 million people drown their phones every year, so it's getting in on the ground floor of a growth industry. (Eine Firma in Denver hat eine neue Maschine entwickelt, die nasse Handys trocknet. Laut TekDry bietet sich hier die Gelegenheit, frühzeitig bei einer Wachstumsindustrie einzusteigen, da 22 Millionen Menschen pro Jahr ihre Telefone ertränken.)

Good to know

Als Ende des 19. Jahrhunderts die Präriestaaten im Zentrum der USA neu besiedelt und viele kleine Städte gegründet wurden, nahmen ehrgeizige Geschäftsleute und Politiker, die an ihren bisherigen Wohnorten im Osten nur die zweite Geige gespielt hatten, die Gelegenheit war, in den neuen Orten die wichtigsten Posten zu besetzen. Auch dies ist ein Beispiel, wie sehr es von Vorteil sein kann, *to get in on the ground floor.*

Nützliche Vokabeln

drown – ertrinken, ertränken
growth industry – Wachstumsindustrie
cell phone – Handy

24 THE BASES ARE LOADED

sich in der strategisch besten Stellung befinden
(wörtlich: die Bases sind geladen)

The bases are loaded ist eine spezifische Konstellation im Baseball, die den meisten Amerikanern bekannt ist: An allen drei Platten *(bases)* stehen Spieler, und das Team, das gerade mit dem Schlagen an der Reihe ist, kann die Höchstzahl von vier Punkten erreichen, wenn dem Schlagmann *(batter)* ein *home run* gelingt, das heißt, wenn er den Ball über den Außenzaun hinweg schlagen kann. In diesem Fall können der Schlagmann und seine drei Mannschaftskameraden, die an den *bases* bereitstehen, in aller Ruhe in Richtung *home plate* laufen und das Maximalergebnis erzielen.

Beispiele

Less than two months after opening, the vegetarian restaurant is a hit. Co-owner Matt Carson calls it "a home run with the bases

loaded." (Weniger als zwei Monate nach der Eröffnung ist das vegetarische Restaurant ein Hit. Mitbesitzer Matt Carson nennt es einen »durchschlagenden Erfolg«.)

The announcement that consumer products manufacturer Procter & Gamble Co. will build a factory in West Virginia is the equivalent of a grand slam. You can't have a bigger offensive play in baseball. With bases loaded, the batter comes to the plate and hits a home run. Four runs scored. Likewise, you won't get much of a bigger announcement than a $500 million manufacturing plant that will bring 700 jobs. (Die Ankündigung, dass Konsumgüterhersteller *Procter & Gamble Co.* eine Fabrik in West Virginia errichten will, entspricht einem Grand Slam. Ein stärkeres Angriffsspiel ist nicht möglich. An allen Bases stehen Spieler, der Schlagmann tritt an die Platte und schlägt einen Home Run. Vier Punkte erzielt. Gleichermaßen ist es kaum möglich, eine wichtigere Ankündigung zu machen, als eine 500-Millionen-Dollar-Fabrik, die 700 Jobs mit sich bringt.)

GOOD TO KNOW

Ein *home run with bases loaded* wird *grand slam* genannt. Das Wort *slam* kommt vom lauten Zuschlagen einer Tür und wird hier verwendet, da dem Gegner im übertragenen Sinne die Tür vor der Nase zugeschlagen wird.

NÜTZLICHE VOKABELN

consumer products – Verbrauchsgüter
manufacturing – Herstellung

25 SHOO-IN

sicherer Kandidat, Gewinner
(wörtlich: Scheuch-Rein)

Shoo-in wird oft falsch *shoe-in* geschrieben. Diese Redewendung hat jedoch nichts mit einem Schuh zu tun, sondern mit dem Verb »scheuchen« *(to shoo)*. Sie wurde zuerst Anfang des 20. Jahrhunderts als Bezeichnung für den Gewinner eines Pferderennens gebraucht, der zwecks Wettbetrug schon vorher festgelegt worden war. Die anderen Reiter ließen sich im Verlauf des Rennens zurückfallen und scheuchten den Sieger gewissermaßen zum Ziel. Dieser Begriff wurde alsbald in die Politik übernommen. Heutzutage wird er aber nicht im Zusammenhang mit Betrug, sondern für Kandidaten verwendet, die aufgrund ihrer großen Beliebtheit oder mangels ernsthafter Konkurrenz den Sieg so gut wie sicher haben.

Beispiele

Hillary Clinton is a shoo-in for the Democratic nomination. (Hillary Clinton gewinnt mit Sicherheit die Nominierung der Demokraten.)

In early March, with no strong competitors in sight, Hancock looked like a shoo-in as Denver's mayor. (Anfang März, ohne starke Gegenkandidaten in Sicht, sah Hancock wie der sichere Gewinner bei der Wahl zum Bürgermeister von Denver aus.)

Good to know

Weitere Begriffe, die oft auch von Amerikanern falsch geschrieben werden, sind *prostate cancer* (falsch: *prostrate cancer*), *sneak peek* (falsch: *sneak peak*), *deep-seated* (falsch: *deep-seeded*), *peace of mind* (falsch: *piece of mind*), *due diligence* (falsch: *do diligence*), *piqued my interest* (falsch: *peaked my interest*).

Nützliche Vokabeln

shoo away – wegscheuchen
prostate cancer – Prostatakrebs
sneak peek – Vorschau
deep-seated – tief verankert
peace of mind – innere Ruhe
due diligence – angemessene Sorgfalt
piqued my interest – weckte mein Interesse

26 TOO CLOSE TO CALL

zu knapp, um mit Bestimmtheit entschieden zu sein
(wörtlich: zu knapp, um zu benennen)

Bei Wahlen gibt es während der laufenden Stimmenauszählung oft die Situation, dass zwei Kontrahenten dicht beieinander liegen. Die Medien, die bei klaren Trends gerne schon nach einer teilweisen Auszählung der Stimmen einen Sieger erklären, sagen seit Anfang der Sechziger Jahre, dass die Wahl *too close to call ist,* wenn sich der Gewinner noch nicht mit Sicherheit bestimmen lässt oder wenn das Ergebnis der Auszählung extrem knapp ausfällt, sodass zur Sicherheit noch einmal per Hand nachgezählt werden muss.

Beispiele

The election came down to 93 votes and was too close to call. (Die Wahl endete mit 93 Stimmen Unterschied und war zu knapp, um mit Bestimmtheit entschieden zu sein.)

With Virginia's Senate contest still too close to call, Democratic incumbent Senator Mark Warner's supporters are still hoping for victory. (Während die Senatswahl in Virginia noch nicht klar entschieden ist, hoffen die Anhänger des demokratischen Amtsinhabers, Senator Mark Warner, immer noch auf einen Sieg.)

Good to know

Der Begriff *call* wurde seit dem 17. Jahrhundert verwendet, um eine gerichtliche Entscheidung zu bezeichnen, und seit den 1860er-Jahren wird auch eine Schiedsrichterentscheidung im Baseball so genannt. Viele Entscheidungen in dieser Sportart sind knapp und werden als *close calls* charakterisiert. Dieser Begriff eignet sich bestens, wenn man auf Englisch »um Haaresbreite« sagen will, zum Beispiel: *U2's Bono had a close call during a flight to Germany: A door on his Learjet 60 broke off in flight.* (Bono von der Band U2 entkam nur um Haaresbreite einer Katastrophe: Eine Tür seines Learjet 60 wurde während eines Fluges nach Deutschland herausgerissen.)

Nützliche Vokabeln

incumbent – Amtsinhaber
recount – erneute Auszählung
ballot – Stimmzettel

27 WIN HANDS DOWN

mit Abstand vorn liegen, überlegen gewinnen
(wörtlich: mit den Händen nach unten gewinnen)

Bei einem großen Vorsprung können die Reiter bei Pferderennen die Zügel auf den letzten Metern locker lassen und gelassen die Ziellinie überqueren. Das wurde seit dem 19. Jahrhundert mit den Worten *win hands down* (bzw. in der Vergangenheitsform *won hands down*) beschrieben. In anderen Zusammenhängen lässt sich *win hands down* seit den ersten Jahren des 20. Jahrhunderts in amerikanischen Publikationen finden.

Beispiele

In the USA, cow's milk has the biggest market share but for the rest of the world, goat's milk wins hands down. Sixty-five percent of the world's milk comes from goats. (In den USA hat Kuhmilch den größten Marktanteil, aber im Rest der Welt liegt Ziegenmilch mit Abstand vorn. 65 Prozent der Milch weltweit kommt von Ziegen.)

Online dating app Clover analyzed 200,000 user profiles to find out where Americans like to go on first dates and found that Starbucks won hands-down across all groups. (Die Online-

Dating-App Clover hat 200.000 Nutzerprofile analysiert, um festzustellen, wohin Amerikaner gern zu ihrem ersten Date gehen, und fand heraus, dass Starbucks in allen Altersgruppen deutlich vorn lag.)

Good to know

Wenn wir schon einmal beim Thema Dating sind: Auch auf diesem Gebiet verwenden Amerikaner Baseballbegriffe, insbesondere wenn sie ihren Freunden erzählen, wie weit eine Beziehung in Sachen Sex fortgeschritten ist. *First base* steht fürs Küssen, bei der *second base* finden die Hände ihren Weg unter die Kleidung, bei der *third base* werden die Finger oder der Mund zum Sex benutzt und an der *fourth base* findet regulärer Geschlechtsverkehr statt.

Nützliche Vokabeln

consensual sex – Sex mit beiderseitigem Einverständnis
sexual harassment – sexuelle Belästigung
sexual assault – sexueller Übergriff

28 RUN IT UP THE FLAGPOLE

etwas testen
(wörtlich: an der Fahnenstange hochziehen)

"Let's run it up the flagpole and see if anyone salutes it" (»Lasst sie uns an der Fahnenstange hochziehen und sehen, ob jemand salutiert«) soll George Washington 1776 angeblich zu den Anwesenden gesagt haben, als ihm die Näherin Betsy Ross die erste US-Flagge überreichte. Ende der 1950er- und Anfang der 1960er-Jahre wurde diese Redewendung dann gerne von den Werbeleuten an der Madison Avenue in New York verwendet, wenn es darum ging, eine Idee zu testen. Sie war auch mehrmals in dem Film *12 Angry Men (Die zwölf Geschworenen)* mit Henry Fonda aus dem Jahr 1957 gebraucht worden,

passenderweise von einer Figur, die in der Werbebranche arbeitet. Heutzutage wird sie immer noch im Geschäftsleben verwendet, jedoch ausschließlich in verkürzter Form und in humorvoller Absicht, da sie allgemein als zu veraltet gilt, um ernst genommen zu werden. Eine beliebte neuere Version ist *let's throw it against the wall and see if it sticks* (Lass es uns an die Wand werfen und sehen, ob es kleben bleibt).

Beispiele

"I've asked this before but I'll run it up the flagpole again just for kicks." (»Ich habe das schon mal gefragt, aber ich versuche es, nur zum Spaß, noch einmal.«)

"We've run it up the flagpole with our attorneys," said Adams. "They are good with it; the city is good with it, and we're planning to move forward with it." (»Wir haben es unseren Anwälten vorgelegt«, sagte Adams. »Sie sind damit einverstanden, die Stadt ist einverstanden, und wir haben vor, es umzusetzen.«)

Good to know

Ob Betsy Ross tatsächlich die erste Fahne der USA genäht hat, ist mittlerweile heftig umstritten. Laut einer mündlichen Überlieferung von Verwandten sollen George Washington und zwei weitere Abgeordnete des Kontinentalkongresses ihr im Juni 1776 einen Entwurf gezeigt haben, den Washington mit Bleistift gezeichnet hatte. Die Sterne im Entwurf hatten angeblich sechs Zacken und Ross habe vorgeschlagen, fünfzackige Sterne zu nehmen, da diese einfacher anzufertigen waren. Obwohl viele Amerikaner an dieser Geschichte festhalten, sind viele Historiker der Überzeugung, dass Francis Hopkinson, einer der Unterzeichner der Unabhängigkeitserklärung, die Fahne entworfen hat.

Nützliche Vokabeln

five-pointed – fünfzackig
American flag – die amerikanische Flagge

29 GIVE A RUN FOR ONE'S MONEY

ernsthaft Konkurrenz machen, das Leben schwer machen
(wörtlich: einen Lauf für sein Geld geben)

Wenn Leute auf der Rennbahn auf ein Pferd wetten, das sie mögen, und dieses ein gutes Rennen hinlegt, kann man sagen: *they got a run for their money* (sie haben ein Rennen für ihr Geld bekommen). Das trifft auch zu, wenn das Pferd nicht gewonnen hat. Im allgemeinen Sprachgebrauch bedeutet *give a run for one's money,* dass ein Konkurrent dem anderen durch eine gute Leistung bzw. ein gutes Produkt das Leben schwer macht.

BEISPIELE

The new Hyundai i20 Active gives the Ford EcoSport a run for its money. (Der neue Hyundai i20 Active kann dem Ford EcoSport ernsthaft Konkurrenz machen.)

It remains to be seen if Facebook's video calling service will give Skype a run for its money. (Es bleibt abzuwarten, ob der Videotelefonie-Service von Facebook Skype das Leben schwer machen wird.)

In increments, startups can give bigger rivals a run for their money. (Junge Unternehmen können größeren Wettbewerbern Schritt für Schritt Konkurrenz machen.)

GOOD TO KNOW

Ein ebenfalls oft gebrauchter Begriff, der aus dem Pferderennsport kommt, ist das englische Wort für Zielgerade, *home stretch,* das gerne verwendet wird, wenn es um die Schlussphase eines Projektes geht.

Nützliche Vokabeln

horse racing – Pferderennen
race track – Rennbahn
bet – wetten

30 THROW IN THE TOWEL

aufgeben, das Handtuch werfen
(wörtlich: das Handtuch reinwerfen)

Diese Redewendung kommt aus dem Boxen, wo der Trainer ein Handtuch in den Ring wirft, um ein Aufgeben zu signalisieren und damit den Abbruch eines aussichtslosen Kampfes zu bewirken. Im übertragenen Sinne wird *throw in the towel* seit Anfang des 20. Jahrhunderts verwendet.

Eine Vorgängerin dieser Redewendung war *throw in the sponge,* die bereits Mitte des 19. Jahrhunderts verwendet wurde, als bei Boxkämpfen statt eines Handtuches ein Schwamm in den Ring geworfen wurde.

Beispiele

This is a crisis and as much as we may want to throw in the towel, we simply cannot afford to. (Dies ist eine Krise und so sehr wir auch das Handtuch werfen wollen, können wir uns das einfach nicht leisten.)

"Before you throw in the towel, take a deep breath." (»Bevor du aufgibst, atme erst einmal tief durch.«)

As we all know by now, she decided to throw in the towel and call it a day on her acting career. (Wie wir mittlerweile alle wissen, hat sie entschieden, das Handtuch zu werfen und ihre Schauspielkarriere zu beenden.)

Good to know

Wenn man weniger dramatisch ausdrücken will, dass es an der Zeit ist, etwas zu beenden, kann man *call it a day* (wörtlich: es einen Tag nennen) verwenden, z.B. *It makes sense that Black Sabbath would soon be calling it a day; they're all pushing seventy.* (Es macht Sinn, dass Black Sabbath bald aufhören; sie gehen alle auf die Siebzig zu.)

Nützliche Vokabeln

beach towel – Strandhandtuch
dish towel, kitchen towel – Geschirrhandtuch

PUTTING IT ALL TOGETHER

★ **BITTE WÄHLEN SIE DAS PASSENDE SATZENDE!**

1. *I will never be promoted at this company. I think it's time to throw in*
- O *my hat.*
- O *the towel.*
- O *the ring.*

2. *Someone who doesn't like to compromise often plays*
- O *football.*
- O *hardball.*
- O *softball.*

3. *An excellent deal often comes with*
- O *the bases loaded.*
- O *a run for one's money.*
- O *no strings attached.*

4. *Mike was nervous about his new job, but on the first day, he really*
- O went off the deep end.
- O knocked it out of the park.
- O spilled the beans.

5. *Especially when it comes to smart phones, Apple has been*
- O *a shoo-in.*
- O *down to the wire.*
- O *ahead of the curve.*

6. *In negotiations, it is very beneficial to*
- O *have the upper hand.*
- O *preach to the choir.*
- O *touch base.*

7. *When I asked my boss for a $10,000 raise, I think I was really*
- O *breaking the ice.*
- O *throwing my hat into the ring.*
- O *pushing the envelope.*

8. *It is completely uncertain who will win the election. The race is really coming*
- O *to its logical conclusion.*
- O *down to the wire.*
- O *to an end.*

9. *Many investors are looking for companies where they can*
- O *be on a roll.*
- O *raise the bar.*
- O *get in on the ground floor.*

10. *All the conditions are right for success. In other words:*
- O *we will run it up the flagpole.*
- O *we will cut to the chase.*
- O *the bases are loaded.*

11. *The election came down to 21 votes and therefore*
- O *comes with no strings attached.*
- O *is too close to call.*
- O *is an elephant in the living room.*

12. *Newcomer Tesla gave the other automakers*
- O *a run for their checkbooks.*
- O *a run for their money.*
- O *a run for their credit cards.*

13. *In the 2012 presidential election, Barack Obama*
- O *won hands down.*
- O *got in on the ground floor.*
- O *threw in the towel.*

14. *In order to make this degree meaningful, we have to*
- O *be on a roll.*
- O *push the envelope.*
- O *raise the bar.*

Die richtigen Lösungen finden Sie auf Seite 266.

III
EMOTIONALES

31 GOING POSTAL

ausrasten und gewalttätig werden, in der Regel am Arbeitsplatz
(wörtlich: postalisch werden)

Entstanden ist diese Redewendung nach mehreren Amokläufen von Mitarbeitern der amerikanischen Post. Am 20. August 1986 erschoss ein Angestellter des *U.S. Postal Service (USPS)* in Edmond (Oklahoma) vierzehn Kollegen und verletzte sechs weitere.

In den nachfolgenden Jahren gab es dann eine Reihe ähnlicher Ausraster von Postmitarbeitern, und die erste Erwähnung der Redewendung *going postal* tauchte Anfang der 1990er-Jahre in den amerikanischen Medien auf.

BEISPIELE

Thirty-five people have been killed in eleven post office shootings since 1983. The USPS does not approve of the term "going postal" and has made attempts to stop people from using the saying. (Fünfunddreißig Menschen wurden seit 1983 durch Schießereien auf elf Postämtern getötet. Der USPS lehnt die Verwendung des Begriffes »*going postal*« ab und hat Versuche unternommen, Leute von der Benutzung der Redewendung abzuhalten.)

"I'm afraid, he's gonna go postal if he doesn't get help." (»Ich fürchte, er wird ausrasten, wenn er sich nicht in Behandlung begibt.«)

GOOD TO KNOW

Eine gute Alternative zu *postal* ist *ballistic*, da dies weniger den Unterton von möglicher Gewalt hat, sondern eher ein verbales Ausrasten beschreibt: *He went ballistic when he saw the scratch on his car.* (Er ging in die Luft, als er den Kratzer an seinem Auto sah.)

Nützliche Vokabeln

shooting – Schießerei
attempt – Versuch
gonna – umgangssprachlich für *going to* (werden)
get help – sich in psychologische Behandlung begeben
ballistic – ballistisch

32 HOLD YOUR HORSES

Immer mit der Ruhe
(wörtlich: halte deine Pferde ruhig)

Diese Redewendung ist einfach zu verstehen, auch wenn man sie wörtlich übersetzt. Sie kam in den USA in der ersten Hälfte des 19. Jahrhunderts auf, zu einer Zeit, als Fuhrwerke noch von Pferden gezogen wurden. Ursprünglich hieß es oft *hold your hosses*, da *hosses* Slang für *horses* war. Heute ist *hold your horses* eine Aufforderung, etwas langsamer bzw. nicht gleich oder überstürzt zu tun.

Beispiele

"Hold your horses, first we need to get gas." (»Immer mit der Ruhe, wir müssen erst einmal tanken.«)

"Hold your horses, I haven't even started my computer yet." (Jetzt mal langsam, ich hab' noch nicht mal meinen Computer angestellt.)

The court is saying hold your horses on the execution. (Das Gericht sagt: Es gibt keine Eile, was die Hinrichtung betrifft.)

Fettnäpfchengefahr

Diese Redewendung ist ein wenig barsch und sollte auf keinen Fall Vorgesetzten oder Geschäftspartnern gegenüber verwendet werden.

Good to know

Amerikaner sind weniger direkt als Deutsche. Selbst Aufforderungen werden oft als Bitte oder Frage formuliert. Das trifft ganz besonders auf das Berufsleben zu. Und wenn man Verbesserungsvorschläge anbringen will, sollte man nach Möglichkeit einleitend etwas Positives hervorheben, nach dem Muster: »Dies und das ist schon sehr gut, aber wäre es nicht noch besser, wenn wir ...«

Nützliche Vokabeln

gas (gasoline) – Benzin
court – Gericht
execution – Hinrichtung

33 GO TO TOWN

so richtig an die Arbeit machen, auf den Putz hauen
(wörtlich: in die Stadt gehen)

Diese Redewendung muss am Zusammenhang erkannt werden. *"Steve's going to town"* kann sowohl »Steve geht in die Stadt« heißen, falls das der Fall ist, oder bedeuten, dass er etwas mit sehr großem Eifer tut. Letztere Bedeutung ist wahrscheinlich Anfang des 20. Jahrhundert in Amerika aufgekommen, genaue Wurzeln sind nicht bekannt.

Beispiele

"A lion jumped through the car window and decided to go to town on my legs," said the Australian tourist. (»Eine Löwe sprang durch das Autofenster und entschied, sich an meinen Beinen so richtig an die Arbeit zu machen«, sagte der australische Tourist.)

In the quest for a cool Halloween party, some adults really go to town. Some are willing to spend hundreds or even thousands of

dollars. (Im Streben nach einer coolen Halloweenparty, hauen manche Erwachsene so richtig auf den Putz. Einige sind bereit, Hunderte oder sogar Tausende Dollar auszugeben.

The raccoon opened the chicken coop and went to town. After 10 minutes all the chickens were dead. (Der Waschbär öffnete den Hühnerstall und machte sich so richtig an die Arbeit. Nach zehn Minuten waren alle Hühner tot.)

Good to know

Die in Deutschland lebenden Waschbären sind allesamt Nachkommen von Mitte des 20. Jahrhunderts aus Amerika hauptsächlich zur Pelzerzeugung eingeführten Tieren, von denen einige in den Dreißiger Jahren ausgesetzt wurden bzw. durch Kriegseinwirkungen in den Vierziger Jahren aus ihren Gehegen entkommen waren.

In Deutschland weist allerdings nur die Stadt Kassel eine Waschbärenbevölkerung auf, die mit der amerikanischer Städte vergleichbar ist.

Nützliche Vokabeln

quest – Suche, Streben
went – ging/gingen (Vergangenheitsform von *go*)
raccoon – Waschbär
chicken coop – Hühnerstall

34 HAVE A FIELD DAY

etwas mit Vergnügen tun
(wörtlich: einen Tag im Feld haben)

Der Ursprung kommt aus dem Militärischen, wo *field day* ursprünglich einen Tag voller Manöver im Feld bedeutet hat. Ein derartiger Tag wurde zumindest von den Offizieren genossen.

Seit dem 19. Jahrhundert wird dieser Begriff auch außerhalb des Militärs für vergnügliche Tage verwendet.

To have a field day kann auch heute noch ein vergnügliches Erlebnis charakterisieren, nimmt aber zunehmend auch die Gestalt einer entfernten Verwandten des deutschen Wortes Schadenfreude an und bedeutet in vielen Zusammenhängen so viel wie »ein gefundenes Fressen«.

Beispiele

The sun was shining and everyone was having a field day. (Die Sonne schien und alle genossen den Tag.)

The cat was gone and the mice had a field day. (Die Katze war fort und die Mäuse vergnügten sich.)

The press will have a field day with this scandal. (Für die Presse wird dieser Skandal ein gefundenes Fressen sein.)

Good to know

Da es kein gleichwertiges Wort in der englischen Sprache gibt, findet *schadenfreude* immer häufiger Verwendung in den USA. Weitere Wörter deutschen Ursprungs sind *angst, blitzkrieg, doppelganger, hinterland, kindergarten, kitsch, rucksack, wanderlust, weltschmerz, wunderkind* und *zeitgeist.*

Viele Amerikaner sagen auch "Gesundheit!", wenn jemand niest, ohne in der Regel zu wissen, was dieses Wort bedeutet.

Nützliche Vokabeln

mouse/mice – Maus/ Mäuse
louse/lice – Laus/Läuse

35 GO OFF THE DEEP END

die Selbstkontrolle verlieren, etwas übertreiben
(wörtlich: am tiefen Ende explodieren)

Der Verlust der Selbstkontrolle bzw. ein irrationales Verhalten wird seit Anfang des 20. Jahrhunderts bildhaft mit der Redewendung *go off the deep end* beschrieben. Damit wird darauf angespielt, dass sich jemand, der nicht besonders gut schwimmen kann und trotzdem am tiefen Ende eines Schwimmbeckens ins Wasser springt, irrational verhält. Mitunter wird *go off the deep end* auch in der Bedeutung »etwas übertreiben« verwendet.

Beispiele

When the mayor was asked about his wife, he went off the deep end and berated the journalists. (Als der Bürgermeister nach seiner Frau befragt wurde, verlor er die Selbstkontrolle und beschimpfte die Journalisten.)

"If we don't pay Mike the money we owe him, he'll go off the deep end." (»Wenn wir Mike nicht das Geld zurückzahlen, das wir ihm schulden, wird er ausrasten.«)

Her coach is known for going off the deep end. (Ihr Trainer ist bekannt dafür, die Selbstkontrolle zu verlieren.)

We don't have to go off the deep end. (Wir müssen es ja nicht übertreiben.)

Good to know

Mit *the deep end* werden auch sehr schwierige Situationen umschrieben, zum Beispiel: *He just started a new job and was thrown in at the deep end.* (Er hat gerade eine neue Arbeit angefangen und man hat ihm gleich die schwierigsten Sachen aufgehalst.) Auch hier wird wieder das Bild vom Schwimmbecken verwendet, wo jemand, der noch gar nicht richtig schwimmen kann, gleich an der tiefsten Stelle ins Wasser geworfen wird.

Nützliche Vokabeln

swimming pool – Schwimmbecken
Olympic swimming pool – Sportschwimmbecken
breaststroke – Brustschwimmen
front crawl – Kraulen
backstroke – Rückenschwimmen
butterfly stroke – Schmetterlingsschwimmen

36 FLY OFF THE HANDLE

plötzlich die Selbstbeherrschung verlieren
(wörtlich: vom Stiel fliegen)

Wenn der schmiedeeiserne Kopf einer Axt vom Stiel fliegt, geschieht das unerwartet und die Folgen lassen sich nur schwer voraussehen. Das Gleiche gilt, wenn jemand die Selbstbeherrschung verliert und »ausrastet«. Anfang des 19. Jahrhunderts kam es wegen mangelnder Qualität recht oft vor, dass sich der Kopf einer Axt selbstständig machte. Thomas Haliburton, ein kanadischer Richter und Autor humorvoller Kolumnen und Bücher, verwendete *fly off the handle* erstmals 1844, und die Leser wussten genau, was damit gemeint war. Haliburtons satirische Bücher über den fiktiven Uhrmacher Sam Slick waren Bestseller in Nordamerika und Großbritannien und dadurch verbreitete sich diese Redewendung sehr schnell.

Beispiele

He is not one to fly off the handle. But his brother is a loose cannon. (Er ist nicht jemand, der die Selbstbeherrschung verliert. Aber sein Bruder ist unberechenbar.)

When he refuses to do the dishes, his wife flies off the handle. (Wenn er sich weigert, das Geschirr abzuwaschen, verliert seine Frau die Beherrschung.)

"My boss flew off the handle when I told her that sales were down 10 percent." (»Meine Chefin ist ausgerastet, als ich ihr sagte, dass die Verkaufszahlen um 10 Prozent gesunken sind.«)

Good to know

Der Begriff *loose cannon,* mit dem jemand als eine unberechenbare Person charakterisiert wird, kommt aus der Kriegsschifffahrt, wo er eine »lose Kanone« bezeichnet, also ein Geschütz, das sich während eines Sturms oder einer Schlacht aus seiner Befestigung gelöst hat und dadurch erhebliche Schäden bzw. Verletzungen hervorrufen kann.

Nützliche Vokabeln

do the dishes – das Geschirr abwaschen
supervisor – unmittelbarer Vorgesetzter, mit Ausnahme des Firmenchefs

37 RATTLE SOMEONE'S CAGE

jemanden aus der Fassung bringen bzw. verunsichern
(wörtlich: an jemandes Käfig rasseln)

Wenn man an einem Käfig rasselt, wird das Tier darin provoziert und in der Regel aus der Fassung gebracht. Im übertragenen Sinne kann uns Menschen etwas, das ausreichend an unseren Nerven rasselt, unter Umständen ebenfalls gehörig aus der Fassung bringen bzw. mitunter auch verunsichern. Die Redewendung *rattle someone's cage* wird auch in der Kurzform *rattle someone* verwendet.

Beispiele

It's important to know what it takes to rattle our cage. (Es ist wichtig zu wissen, was uns aus der Fassung bringen kann.)

The news rattled stock exchanges around the world. (Die Nachrichten verunsicherten die Börsen in der ganzen Welt.)

Paul is very good behind the wheel. He never seems to get rattled. His cage is never rattled, and rarely does he make mistakes. (Paul ist sehr gut hinterm Lenkrad. Er scheint nie die Ruhe zu verlieren. Er verliert nie die Fassung und macht nur selten Fehler.)

Good to know

Im amerikanischen Straßenverkehr sollte man sich nicht aus der Fassung bringen lassen und gelassen bleiben, wenn jemand die Vorfahrtsregeln nicht kennt, die Blinklichter nicht benutzt oder langsam in der Überholspur fährt. Dichtes Auffahren und obzöne Gesten sollte man unbedingt unterlassen, da man nie weiß, mit wem man es zu tun hat und ob die Person unter Umständen bewaffnet ist.

Nützliche Vokabeln

have right of way – Vorfahrt haben
turn signal – Blinker
passing lane – Überholspur
obscene gestures – obszöne Gesten

38 HAVE A BLAST

einen Riesenspaß haben
(wörtlich: eine Explosion haben)

Das Wort *blast* kann verschiedene Bedeutungen haben, die aber alle ausdrücken, dass etwas mit großer Intensität geschieht: als Verb »wegsprengen« und »heftig kritisieren«, als Substantiv »Windbö« und »Explosion«. In der Bedeutung »Riesenspaß« lässt sich *blast* erstmals Ende des 19. Jahrhunderts in Büchern finden. Alternativ kann man auch oft *have a ball* hören, wobei sich *ball* nicht auf das kugelförmige Sportgerät bezieht, sondern auf das festliche Ereignis eines Tanzballs.

Beispiele

"Thanks for inviting us to your party. We had a blast!" (»Danke, dass ihr uns zu eurer Party eingeladen habt. Wir hatten einen Riesenspaß!«)

The fifth-graders had a blast trying out some of the musical instruments. (Die Fünftklässler hatten einen Riesenspaß, als sie einige der Musikinstrumente ausprobierten.)

Students dance, jump rope, practice resistance training, and overall have a blast every morning. (Die Schüler tanzen jeden Morgen, springen Seil, trainieren ihre Muskeln und haben insgesamt einen Riesenspaß.)

Good to know

Mindestens jedes fünfte Kind in den USA hat starkes Übergewicht. Chronische Krankheiten wie Diabetes sind deshalb schon bei Jugendlichen verbreitet. Eine der Hauptursachen ist Bewegungsmangel. Die Eltern sind in der Regel ein schlechtes Vorbild, erledigen alles mit dem Auto und treiben keinen Sport. Gemeinnützige Sportvereine wie in Deutschland gibt es in den USA kaum. Für die Erwachsenen gibt es meistens nur die Mitgliedschaft in einem Fitness-Center und für die Kinder ist es auch nicht viel besser: Die verschiedenen Sportmannschaften, die es in den Schulen neben dem eigentlichen Sportunterricht gibt, nehmen nur die Besten auf. Da bleibt dann oft nur das Training in einem privaten Karate-, Taekwondo- oder Schwimmclub. Das kann sich allerdings nicht jede Familie leisten.

Nützliche Vokabeln

(morbidly) obese – (krankhaft) fettleibig
physical education (kurz: *PE*) – Sportunterricht
gym bzw. *recreation center* (kurz: *rec center*) – Fitness-Center

39 GET A GRIP

in den Griff bekommen
(wörtlich: einen Griff bekommen)

Diese Redewendung hat zwei Anwendungsbereiche: Sie kann als Aufforderung gebraucht werden, dass sich jemand zusammenreißen soll, oder sie kann ausdrücken, dass man etwas zu begreifen beginnt.

Get a grip kann allerdings auch wörtlich gemeint sein, z. B. *Keep a good grip on the tripod!* (Halte das Stativ gut fest!)

Beispiele

"Get a grip on yourself! You're acting like a spoiled child." (»Reiß dich zusammen! Du benimmst dich wie ein verwöhntes Kind.«)

Politicians need to get a grip on reality. Most people are against economic sanctions. (Politiker müssen endlich einmal die Realität begreifen: Die meisten Leute sind gegen Wirtschaftssanktionen.)

"This book is helping me to get a grip on American idioms." (»Dieses Buch hilft mir, amerikanische Redewendungen besser zu verstehen.«)

Many Americans are still trying to get a grip on their credit card debt. (Viele Amerikaner versuchen immer noch, ihre Kreditkartenschulden in den Griff zu bekommen.)

Fettnäpfchengefahr

Wer zu einem Vorgesetzten »*Get a grip!*« sagt, sollte sich darauf gefasst machen, auf der Stelle entlassen zu werden.

Good to know

Viele Amerikaner leben *paycheck to paycheck*, also von einer Lohn- bzw. Gehaltszahlung zur anderen. Für unvorhergesehene Ausgaben, z. B. die unaufschiebbare Reparatur eines Autos, müssen sie daher oft auf Kreditkarten zurückgreifen. Die durchschnittlichen Kreditkartenschulden pro Haushalt in den USA liegen derzeit bei ca. 16.000 Dollar. Besonders knifflig sind die hohen Zinsen, die im Schnitt 13 Prozent betragen. Viele Leute brauchen daher Jahre, um ihre Schulden abzubezahlen.

Nützliche Vokabeln

paycheck – Gehaltsscheck, Lohnzahlung
credit card debt – Kreditkartenschulden
annual percentage rate (APR) – effektiver Jahreszinssatz

40 GET BENT OUT OF SHAPE

sich mächtig aufregen, ärgerlich werden
(wörtlich: sich verbiegen)

Get bent out of shape hat einen Bedeutungswandel durchgemacht. Im 19. Jahrhundert drückten sowohl das Wort *bent* als auch die Redewendung *bent out of shape* aus, dass jemand betrunken war. Ab Mitte des 20. Jahrhunderts werden beide jedoch in der Bedeutung »sich mächtig aufregen« verwendet. Das Bindeglied ist wahrscheinlich die Tatsache, dass manche Betrunkene schnell ungehalten werden. Die Amerikaner nennen solche Leute *angry drunks*.

Beispiele

Do you have a crabby co-worker who gets bent out of shape over the slightest things? The results of a new study demonstrate that sleepiness may cause workers to interpret ambiguous situations in a threatening way. (Haben Sie einen mürrischen Kollegen, der sich selbst über Kleinigkeiten aufregt? Die Ergebnisse einer neuen Studie zeigen, dass Müdigkeit bei Arbeitnehmern dazu führen kann, unklare Situationen als Bedrohung wahrzunehmen.)

People get so bent out of shape when any mother breastfeeds her baby in public. There are so many countries where a woman can just do what she needs to in public and no one cares. (Leute regen sich dermaßen auf, wenn eine Mutter ihr Baby in der Öffentlichkeit stillt. Es gibt so viele Länder, wo eine Frau in der Öffentlichkeit einfach machen kann, was notwendig ist, und sich niemand darum kümmert.)

Fettnäpfchengefahr

Zu einem Vorgesetzten oder Polizisten sollte man auf keinen Fall *"Don't get bent out of shape!"* sagen, weil man damit garantiert das Gegenteil erreichen würde.

Good to know

Das Stillen in der Öffentlichkeit ist in fast allen US-Bundesstaaten gesetzlich geschützt. Lediglich in Idaho und South Dakota haben Geschäftsleute das Recht, stillende Mütter zum Verlassen der Einrichtung aufzufordern.

Nützliche Vokabeln

angry drunk – zorniger Betrunkener
ambiguous – unklar, mehrdeutig, verschwommen
nap – Nickerchen
breastfeeding – Stillen

41 UNDER THE GUN

unter starkem Druck
(wörtlich: unter der Waffe)

Wenn jemand unter Druck steht, ein Problem zu lösen oder einen Abgabetermin einzuhalten, dann ist er *under the gun*, genauso wie jemand, auf den eine Waffe gerichtet ist und der damit gezwungen wird, etwas Bestimmtes unverzüglich zu tun. Diese Redewendung ist um 1900 aufgekommen, ihre genaue Herkunft ist ungeklärt.

BEISPIELE

She was under the gun to finish the report by Tuesday. (Sie stand unter Druck, den Bericht bis Dienstag fertigzustellen.)

The President is under the gun to make a decision quickly. (Der Präsident steht unter Druck, zügig eine Entscheidung zu treffen.)

"I was under the gun to either relocate with the company or get fired." (»Ich stand unter Druck, entweder mit der Firma umzuziehen oder entlassen zu werden.«)

GOOD TO KNOW

Laut einer Umfrage von Gallup besitzen 34 Prozent der Amerikaner eine Pistole bzw. ein Gewehr. 46 Prozent aller erwachsenen Männer in den USA haben nach eigener Aussage eine Waffe. Bei Frauen liegt der Wert bei 23 Prozent. Mehr als vier Millionen Waffenbesitzer sind Mitglied in der *National Rifle Association (NRA)*, die erheblichen Druck auf Politiker ausübt, damit diese keine wirksamen Gesetze zur Waffenkontrolle verabschieden. Die NRA bietet aber auch zahlreiche Kurse zum sicheren Umgang mit Schusswaffen an. Im Jahr 2010 starben 31.513 Menschen durch Schussverletzungen: 19.308 begingen

Selbstmord und 11.015 wurden ermordet. 600 weitere Menschen starben bei einem Unfall, darunter rund 200 Kinder, die jünger als zwölf Jahre alt waren.

Nützliche Vokabeln

relocate – umziehen (in eine andere Stadt)
rifle – Gewehr
gun – Schusswaffe, ugs.: Pistole (kurz für *handgun*)

42 BE AT THE END OF ONE'S ROPE

am Ende seiner Kräfte, Geduld oder Möglichkeiten sein
(wörtlich: sich am Ende seines Seiles befinden)

Diese Redewendung stammt aus Großbritannien, wo sie *at the end of one's tether* lautet und sich auf ein Tier bezieht, das angebunden ist und beim Grasen nur so weit gehen kann, wie die Leine reicht. Sie stammt aus dem 17. Jahrhundert. Die Amerikaner bevorzugen jedoch das Wort *rope,* wenn es um ein Seil geht, und haben die Redewendung dementsprechend abgewandelt.

Beispiele

"The situation is so frustrating that I feel sick every day at work and can't stop thinking about it when I'm at home. Now I'm at the end of my rope and don't know what to do." (»Die Situation ist so frustrierend, dass ich mich jeden Tag bei der Arbeit schlecht fühle und auch darüber nachdenke, wenn ich zu Hause bin. Ich bin am Ende und weiß nicht, was ich tun soll.«)

An employee told police the man came up to her while she was counting money and told her he was there to rob them. The employee also said the man told her a story about how he was at the end of his rope but he wasn't going to hurt anyone. (Eine

Mitarbeiterin berichtete der Polizei, der Mann sei zu ihr getreten, als sie dabei war, Geld zu zählen, und teilte ihr mit, dass er da war, um sie auszurauben. Die Mitarbeiterin sagte auch, dass der Mann ihr eine Geschichte erzählte, wie sehr er am Ende sei und dass er niemanden verletzen würde.)

Good to know

Die Liste der Sachbuch-Bestseller wird in den USA oft von *self-help books* angeführt, die den Lesern versprechen, persönliche Probleme lösen zu helfen. Dieses Genre, das in Buchläden und Bibliotheken ganze Regale einnimmt, wurde jedoch nicht von einem Amerikaner, sondern von dem Schotten Samuel Smiles ins Leben gerufen, der 1859 ein Buch mit dem Titel *Self-Help* veröffentlichte.

Nützliche Vokabeln

non-fiction book – Sachbuch
self-help, self-improvement – persönliche Weiterentwicklung

43 GO APESHIT

ausrasten
(wörtlich: Affenscheiße werden)

Die Herkunft von *go apeshit* ist nicht hundertprozentig geklärt, aber alles deutet darauf hin, dass dieser Ausdruck Anfang der 1950er-Jahre in der amerikanischen Luftwaffe entstand, um zu beschreiben, dass Soldaten, die lange in ihren Baracken festsaßen, einen Koller bekamen, weil ihnen die Decke auf den Kopf fiel.

Gleichbedeutend sind *go ape* und *go bananas,* die alle auf das Verhalten von eingesperrten Affen hinweisen, die hin und wieder außer Kontrolle geraten und Zoobesucher mit Kot bewerfen.

Beispiele

The New York Police Department is investigating an incident of verbal abuse after a NYPD detective was caught on video going apeshit on a cab driver. (Die Polizeidirektion von New York ermittelt in einem Fall von Beleidigung, nachdem ein Kriminalbeamter auf Video festgehalten wurde, wie er einem Taxifahrer gegenüber ausrastete.)

The band went out on stage and the whole place went apeshit. (Dann kam die Band auf die Bühne und der ganze Saal rastete aus.)

Stephen Sondheim fans were overjoyed when they heard that "Into the Woods" was getting a big screen adaptation. They then went apeshit when they got wind of the fact that there would be some plot changes in the film. (Fans von Stephen Sondheim waren überglücklich, als sie hörten, dass *Into the Woods* für das Kino verfilmt wurde. Aber als sie dann von der Tatsache Wind bekamen, dass die Handlung für den Film geändert wurde, rasteten sie aus.)

Good to know

Mehr als 23.000 Affen werden jedes Jahr in die USA importiert, fast alle für Tierversuche. Die meisten Affen kommen aus China, Mauritius, Kambodscha und Vietnam.

Nützliche Vokabeln

air force – Luftwaffe
go stir-crazy – einen Koller bekommen
detective – Kriminalbeamter
big screen – Kinoleinwand

44 JUMP THE GUN

voreilig handeln
(wörtlich: spring die Pistole)

Diese Redewendung kommt nicht etwa aus der Welt der Westernfilme, sondern aus der Leichtathletik, wo sie »einen Frühstart hinlegen« bedeutet und sich natürlich auf ein Loslaufen noch vor dem Startschuss bezieht. Umgangssprachlich bezeichnet sie ebenfalls ein voreiliges Handeln und ist besonders im politischen und geschäftlichen Bereich oft zu hören.

Beispiele

Paris mayor Anne Hidalgo has asked French president Francois Hollande not to jump the gun as the capital considers whether to bid for the 2024 Summer Olympic Games. (Die Pariser Bürgermeisterin Anne Hidalgo forderte den französischen Präsidenten François Hollande auf, nicht voreilig zu handeln, während die Hauptstadt erwägt, sich um die Olympischen Sommerspiele 2024 zu bewerben.)

An Alaska marijuana delivery service is not waiting for the official legalization date to begin selling pot. Anchorage Police Department Chief Mark Mew warned: "People who jump the gun on this issue do so at their own risk." (Ein Marihuana-Lieferdienst in Alaska wartet nicht bis zum offiziellen Tag der Legalisierung, um mit dem Verkauf zu beginnen. Mark Mew, der Polizeipräsident von Anchorage, warnt: »Leute, die in dieser Sache voreilig handeln, machen das auf eigene Gefahr.«)

Good to know

Der englische Begriff für Leichtathletik lautet *track and field* und ist vom Veranstaltungsort abgeleitet, der normalerweise aus einer Laufbahn *(track)* und einer Rasenfläche *(field)* besteht. In den USA haben die meisten Highschools,

Colleges und Universitäten ein Leichtathletik-Team, das regelmäßig gegen Teams anderer Schulen antritt. Anders als in Deutschland gehen amerikanische Spitzensportler aus derartigen Teams statt aus Sportvereinen hervor.

Nützliche Vokabeln

track suit – Trainingsanzug
shot put – Kugelstoßen
pole vault – Stabhochsprung

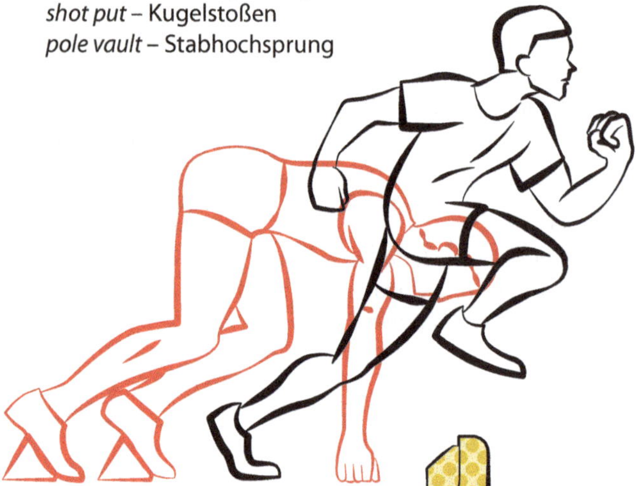

45 HEEBIE-JEEBIES

schaudern, Gänsehaut bekommen
(wörtlich: »heebie jeebies«)

Die Worte *heebie* und *jeebie* haben keine eigenständige Bedeutung. Sie stammen aus den 1920er-Jahren und gehören zu einer Reihe von reimenden Reduplikationen, die in der amerikanischen Sprache einmal beliebt waren, wie z. B. *fuddy-duddy* (altmodische Person) und *bee's knees* (ausgezeichnet). Der Comiczeichner und Autor Billy DeBeck verwendete *heeby jeebys* 1923 erstmals in dem Comicstrip *Barney Google,* der in vielen amerikanischen Zeitungen abgedruckt wurde, was sicher die Ursache für die schnelle Verbreitung des Ausdrucks war, u. a. in der Schreibung *heebie jeebies,* die sich schon bald durchsetzte.

BEISPIELE

"I'm not interested in watching Anthony Hopkins looking hungry as the cannibal Hannibal Lecter. Just thinking about it gives me the heebie-jeebies." (»Ich habe kein Interesse daran, mir Anthony Hopkins als hungrig dreinschauenden Kannibalen Hannibal Lecter anzusehen. Wenn ich nur daran denke, schaudere ich schon.«)

"I got major heebie-jeebies photographing filming spots for the TV show 'The Walking Dead.'" (Ich bekam eine starke Gänsehaut, als ich Drehorte der Fernsehserie *The Walking Dead* fotografierte.)

The young boy in the eerie big screen version of Stephen King's Pet Sematary clearly had the ability to provoke some serious heebie-jeebies. (Der kleine Junge in der schaurigen Kinoversion von Stephen Kings *Friedhof der Kuscheltiere* hat ganz klar die Fähigkeit, ein Schaudern hervorzurufen.)

Good to know

Eine andere Wortschöpfung, die Billy DeBeck und seinem Comicstrip *Barney Google* zugeschrieben wird, ist *horsefeathers* (wörtlich: Pferdefedern). DeBeck verwendete das Wort als Euphemismus für *horse-shit* (wörtlich: Pferdescheiße), das Slang für »Unsinn« war. Heutzutage ist *bull shit* beliebter, wird aber oft auf *bull* oder *B.S.* verkürzt.

Nützliche Vokabeln

pet – Haustier
stuffed animal – Kuscheltier
cemetery – Friedhof (Stephen King schrieb das Wort bewusst falsch)

PUTTING IT ALL TOGETHER

★ **BITTE WÄHLEN SIE DEN PASSENDEN SATZ BZW. DIE PASSENDE REDEWENDUNG!**

Ein Politiker wird während einer Rede durch einen Zwischenruf provoziert und rastet aus. Die Zeitung schreibt am nächsten Tag:

O *He had a field day.*
O *He jumped the gun.*
O *He went off the deep end.*

Wenn jemand am Arbeitsplatz gewalttätig wird, passt die Redewendung:

O *rattle somebody's cage.*
O *going postal.*
O *go to town.*

Der Vorgesetzte verlor die Selbstbeherrschung. Man kann Folgendes sagen:

O *He had a blast.*
O *He had a field day.*
O *He flew off the handle.*

Sie sind gestresst, weil ein Abgabetermin unmittelbar bevorsteht. Sie sagen:

O *I'm having the heebie-jeebies.*
O *I'm under the gun.*
O *I'm getting bent out of shape.*

Eine Kollegin handelt oft voreilig. Welcher Satz beschreibt das richtig?

O *She often jumps the gun.*
O *She often goes apeshit.*
O *She often rattles somebody's cage.*

Ein Freund ist verzweifelt und schickt eine SMS mit den Worten:

O *I'm holding my horses.*
O *I'm getting bent out of shape.*
O *I'm at the end of my rope.*

Sie wissen, dass Ihr Freund oft übertreibt und Sie wollen, dass er sich zusammenreißt. Sie sagen zu ihm:

O *Don't jump the gun!*
O *Get a grip!*
O *Have a blast!*

Die richtigen Lösungen finden Sie auf Seite 268.

IV
URTEILENDES

46 MY TWO CENTS

meine bescheidene Meinung, meinen Senf dazu geben
(wörtlich: meine zwei Cent)

Die Amerikaner übernahmen im 19. Jahrhundert die englische Redewendung *my two pennies worth* und wandelten sie leicht ab. Sie wird meistens in der kürzeren Version *my two cents* verwendet. Mit ihr lässt sich eine Meinungsäußerung einleiten bzw. schließen und man kann dieser gegebenenfalls einen weniger konfrontierenden Ton geben, da *my two cents* eine Bescheidenheitsfloskel ist, die allerdings auch ironisch gebraucht werden kann. Im zwanglosen Schriftverkehr verwendet man auch gern das Kürzel *IMO* (*in my opinion* – meiner Meinung nach).

Beispiele

"I think we should let go of this client, but that's just my two cents." (»Ich denke, wir sollten diesen Kunden fallen lassen, aber das ist nur meine bescheidene Meinung.«)

"I will just throw in my two cents: We could save a lot of time if we hire two interns and let them do all the social media updates." (»Ich gebe einfach mal meinen Senf dazu: Wir könnten viel Zeit sparen, wenn wir zwei Praktikanten einstellen würden und sie alle Aktualisierungen in den sozialen Medien machen ließen.«)

Good to know

In den USA gab es von 1864 bis 1873 eine 2-Cent-Münze. Sie war die erste Münze mit der Aufschrift *"IN GOD WE TRUST"* (»Auf Gott vertrauen wir«), die seit 1938 auf allen US-Münzen steht. 1956 wurde *In God We Trust* zum offiziellen Motto der Vereinigten Staaten und ab 1957 deshalb auch auf Geldscheine gedruckt.

Nützliche Vokabeln

coin – Münze
change – Kleingeld
bill – Schein

47 As American as apple pie

typisch amerikanisch
(wörtlich: so amerikanisch wie Apfelkuchen)

Die Amerikaner sehen im Apfelkuchen eine typisch amerikanische Speise. Vielleicht deshalb, weil Apfelkuchen bei ihnen schon im 18. Jahrhundert sehr beliebt war. Allerdings waren sowohl die Apfelbäume als auch die Kuchenrezepte von Europa nach Nordamerika gebracht worden.

Das weiß jedoch heutzutage kaum jemand und es kommt auch niemandem in den Sinn, dass Apfelkuchen auch in anderen Ländern beliebt sein könnte und daher eigentlich gar nicht typisch amerikanisch ist.

Beispiele

Frustration over taxes is as American as apple pie, but some U.S. citizens are becoming so overwhelmed by the Internal Revenue Service that they've decided to stop being Americans altogether. (Frust wegen Steuern ist typisch amerikanisch, jedoch fühlen sich einige US-Bürger so überwältigt von der Steuerbehörde, dass sie sich entschieden haben, nicht länger Amerikaner zu sein.)

U-pick farms and cider mills are as American as apple pie. (Obstplantagen, auf denen man selbst pflücken kann, und Apfelmostereien sind typisch amerikanisch.)

Good to know

Die USA sind nach China der zweitgrößte Apfelproduzent der Welt. In 32 Bundesstaaten werden insgesamt rund 200 Apfelsorten kommerziell angebaut. Die meisten Äpfel werden in Washington, New York, Michigan, Pennsylvania und Kalifornien geerntet. Besonders in diesen Staaten gibt es viele *U-pick farms*, auf denen die Konsumenten die Früchte selbst pflücken können und die in der Regel auch *apple cider* (Apfelmost) herstellen.

Die beliebtesten Apfelsorten sind *Red Delicious, Gala, Golden Delicious, Fuji* und *Granny Smith*. Die USA exportieren Äpfel u. a. nach Mexiko, Kanada, Taiwan, Indonesien und Indien. Von März bis Juli gibt es in den amerikanischen Geschäften viele Äpfel aus Chile und Neuseeland zu kaufen.

Nützliche Vokabeln

Internal Revenue Service (IRS) – US-Steuerbehörde
U-pick (kurz für *you pick*) – du pflückst

48 A PIECE OF CAKE

ganz einfach, kinderleicht
(wörtlich: ein Stück Torte)

Es wird angenommen, dass diese Redewendung ihren Ursprung auf den Sklavenplantagen des Südens hat. In der Mitte des 19. Jahrhunderts begannen die Sklaven das ernsthafte Schreiten der weißen Herrschaften, das diese bei Gesellschaftstänzen praktizierten, zu parodieren. Die Plantagenbesitzer sahen das, begriffen aber nicht, dass sich die Sklaven über sie lustig machten und veranstalteten vielmehr *cakewalk* genannte Wettbewerbe für die Sklaven, bei denen es Tortenstücke als Preise gab. Da es nicht schwer war, auf diese Weise ein Stück Torte zu gewinnen, entstand die Redewendung, das etwas einfach wie a *piece of cake* ist. Gleichbedeutend wird auch *it's a cakewalk* (es ist ein Kinderspiel) gesagt.

BEISPIELE

Being married isn't always a piece of cake. (Verheiratet zu sein ist nicht immer ganz einfach.)

Germany's team cakewalked to victory. (Das deutsche Team kam kinderleicht zum Sieg.)

GOOD TO KNOW

Die ähnlich klingende Redewendung *to take the cake* hat eine völlig andere Bedeutung, nämlich »in den Schatten stellen«. *That takes the cake!* wird oft gebraucht, um Empörung auszudrücken, zum Beispiel hier: *I've seen many dangerous construction sites around the world, but this one takes the cake!* (Ich habe viele gefährliche Baustellen auf der ganzen Welt gesehen, aber diese stellt alle in den Schatten.)

NÜTZLICHE VOKABELN

being married – verheiratet sein
dangerous – gefährlich
construction site – Baustelle

49 THAT SHIP HAS SAILED

jetzt ist es zu spät, um diese Gelegenheit zu nutzen
(wörtlich: dieses Schiff ist abgefahren)

Bis zur Mitte des 20. Jahrhunderts reisten viele Menschen noch per Schiff, sowohl innerhalb der USA als auch zwischen Amerika und Europa. Das Schiff zu verpassen, war natürlich eine unangenehme Sache und eine vertane (Reise-) Gelegenheit.

Die Redewendung *missed the boat* (wörtlich: das Boot verpasst haben) kann ebenfalls benutzt werden, um eine verpasste Gelegenheit zu beschreiben. »Der Zug ist abgefahren« ist in beiden Fällen eine angemessene Übersetzung.

Beispiele

"I'm too old to become a professional hockey player. I think it's safe to say that ship has sailed." (»Ich bin zu alt, um Eishockey-Profi zu werden. Ich denke, man kann mit Sicherheit sagen, dass dieser Zug abgefahren ist.«)

"I moved into my new house a year ago, but there were many things that needed to get fixed before I could invite anyone over. Have I missed the boat for a house-warming party?" (»Ich bin vor einem Jahr in mein neues Haus gezogen, aber da gab es viele Dinge, die repariert werden mussten, bevor ich jemanden einladen konnte. Ist es jetzt zu spät für eine Einweihungsfeier?«)

Good to know

Auch heutzutage kann man noch per Schiff zwischen Amerika und Europa reisen. Die *Queen Mary 2* der Reederei Cunard fährt regelmäßig zwischen den Kontinenten hin und her. Die Fahrt von Southampton nach New York und umgekehrt dauert jeweils sieben Tage. Mehrmals im Jahr geht die Fahrt auch in Hamburg los und dauert neun Tage.

Nützliche Vokabeln

invite – einladen, manchmal auch als Substantiv und Synonym zu *invitation* (Einladung) verwendet: *"I sent you an invite."* (»Ich habe dir eine Einladung geschickt.«)

house warming party – Einzugsfeier, egal ob für ein Haus oder eine Wohnung

50 DODGE THE BULLET

glücklich davonkommen
(wörtlich: der Kugel ausweichen)

Dodge the bullet entstand wahrscheinlich im Ersten Weltkrieg, als die Soldaten im Schützengraben sich vor einem gegnerischen Geschoss ducken konnten. Die Redewendung wird meistens für Sachverhalte verwendet, bei denen es sich rückblickend als Glücksfall erweist, dass man etwas, das man gern haben wollte, nicht bekam. Mitunter drückt sie auch einfach aus, dass man noch einmal Glück gehabt hat.

BEISPIELE

Michael wanted to buy a beautiful old house, but someone outbid him. A few months later he heard from common acquaintances that the house has lots of problems. "I really dodged a bullet," Michael thought. (Michael wollte ein schönes altes Haus kaufen, hat es aber nicht bekommen, weil jemand mehr Geld bot. Einige Monate später hörte er von gemeinsamen Bekannten, dass es mit diesem Haus viele Probleme gibt. ›Da habe ich aber noch mal Glück gehabt‹, dachte Michael.)

Guam dodged a bullet as the typhoon passed just 95 miles away from the island. (Guam ist gerade noch davon gekommen, denn der Taifun zog nur 95 Meilen entfernt an der Insel vorbei.)

GOOD TO KNOW

Die USA haben eine Reihe von Außengebieten *(insular areas)*, die nicht Bestandteil eines Bundesstaates sind und selbst auch keinen Bundesstaat-Status haben. In der Karibik sind das Puerto Rico (rund 4 Millionen Einwohner), die Amerikanischen Jungferninseln (108.605 Einwohner) und Navassa (unbewohnt). Im Pazifischen Ozean liegen Guam (168.564 Einwohner), die Nördlichen Marianen (44.582), Amerikanisch-Samoa (57.881) und die Midwayinseln (40) sowie die Bakerinsel, die Howlandinsel, die Jarvisinsel, das Johnston-Atoll, das Kingmanriff, das Palmyra-Atoll und das Wake-Atoll (alle unbewohnt). Die meisten Einwohner der Außengebiete sind US-Staatsbürger.

Nützliche Vokabeln

typhoon – Taifun, tropischer Wirbelsturm im Pazifik
hurricane – Hurrikan, tropischer Wirbelsturm im Atlantik
outbid – überbieten
acquaintance – Bekannter

51 PIE IN THE SKY

unrealistische Hoffnung
(wörtlich: Kuchen im Himmel)

Der 1879 in Schweden geborene amerikanische Gewerkschafter und Liedermacher Joel Emmanuel Hägglund, der in den USA unter den Namen Joe Hill und Joseph Hillström bekannt war, schrieb 1911 in seinem Lied *The Preacher and the Slave*, einer Parodie auf eine Hymne der Heilsarmee: *Work and pray, live on hay / You'll get pie in the sky when you die.* (Arbeite und bete, lebe von Heu, / Kuchen bekommst du im Himmel, wenn du stirbst.)

Hill wurde 1914 in Salt Lake City (Utah) unter fadenscheinigen Anschuldigungen des Mordes angeklagt. Zuvor hatte er dort eine Gewerkschaft organisiert. Er wurde zum Tode verurteilt und 1915 hingerichtet. US-Präsident Woodrow Wilson und andere Persönlichkeiten hatten sich zuvor vergeblich für Milde eingesetzt. Joe Hill selbst weigerte sich, ein Gnadengesuch zu stellen. Seine letzten Worte waren *"Don't mourn – organize!"* (»Trauert nicht, organisiert euch!«)

Beispiele

This is not pie in the sky. But it's important that everyone will be patient. (Das ist keine unrealistische Hoffnung. Aber es ist wichtig, dass alle geduldig sind.)

Flying cars are starting to seem less pie in the sky. (Fliegende Autos werden zunehmend realistischer.)

A schedule that actually fits workers' needs may feel like pie in the sky to those struggling with unpredictable work hours. (Arbeitszeiten, die wirklich den Bedürfnissen von Arbeitnehmern entsprechen, scheinen eine unrealistische Hoffnung für jene zu sein, die sich mit unvorhersehbaren Arbeitsstunden herumplagen.)

Good to know

Die Schriftsteller Stephen King und Tabitha King gaben einem ihrer Kinder den Namen Joseph Hillstrom King. Er ist unter dem Namen Joe Hill ebenfalls als Schriftsteller tätig.

Nützliche Vokabeln

pie – gedeckter Obstkuchen oder Pastete
cake – Torte
pastry – Konditoreiware

52 Crossing the line

zu weit gehen
(wörtlich: die Linie überschreiten)

Wenn während eines Streiks jemand die Reihe der streikenden Arbeiter vor dem Eingang des Unternehmens *(picket line)* kreuzt, um als Streikbrecher tätig zu werden, handelt es sich um *crossing the picket line.* Die Redewendung *crossing the line* wird generell verwendet, wenn jemand etwas Unangemessenes sagt, insbesondere wenn eine Aussage unhöflich oder gar beleidigend ist bzw. wenn etwas in sonstiger Weise die Grenze des Erträglichen überschreitet.

Beispiele

"His remarks are really crossing the line. I'll have to contact HR about this." (»Seine Bemerkungen gehen wirklich zu weit. Ich werde die Personalabteilung darüber benachrichtigen müssen.«)

There are some lines which should not be crossed. (Es gibt einige Grenzen, die nicht überschritten werden sollten.)

As President Obama has acknowledged, the U.S. crossed the line and his administration takes responsibility for that. (Wie Präsident Obama eingeräumt hat, sind die USA zu weit gegangen, und seine Regierung übernimmt die Verantwortung dafür.)

Good to know

In den USA werden alle Staatsorgane der Bundesebene, also Exekutive, Legislative und Judikative, als *federal government* bezeichnet.

Der eigentliche Regierungsapparat eines Präsidenten, Gouverneurs oder Bürgermeisters, die Exekutive, wird im amerikanischen Sprachgebrauch *administration* genannt, in der Regel in Verbindung mit dem Namen des betreffenden Amtsinhabers, z. B. *Obama administration.*

Nützliche Vokabeln

acknowledge – einräumen, bestätigen, anerkennen
human resources (HR) – Personalabteilung

53 FOR THE BIRDS

Unsinn
(wörtlich: für die Vögel)

Diese Redewendung kommt aus dem Slang der *U.S. Army* und entstand gegen Ende des Zweiten Weltkrieges. *For the birds* ist die Kurzform von *that's shit for the birds* (das ist Scheiße für die Vögel), was sich auf die Tatsache bezieht, dass manche Vögel in Pferdeäpfeln nach unverdautem Hafer suchen. Während viele amerikanische Redewendungen auch in anderen englischsprachigen Ländern verwendet werden, ist *for the birds* fast ausschließlich in den USA zu hören. Oft wird sie durch das Wort *strictly* (grundsätzlich) verstärkt.

Beispiele

"I like his first two books, but his new essay is strictly for the birds." (»Ich mag seine ersten beiden Bücher, aber sein neues Essay ist reiner Unsinn.«)

Many people said the introduction of New Coke was for the birds. (Viele Leute sagten, dass die Einführung von New Coke schwachsinnig war.)

Fettnäpfchengefahr

Es versteht sich von selbst, dass man mit dieser Redewendung auf keinen Fall die neueste Idee des Chefs bedenken sollte.

Good to know

1985 änderte die *Coca-Cola Company* die Rezeptur für ihr Hauptprodukt *Coke*. Die amerikanische Öffentlichkeit lehnte den neuen Geschmack ab. 400.000 Leute riefen bei *Coca-Cola* an oder schickten Beschwerdebriefe. Das Unternehmen brachte daraufhin den alten Geschmack unter dem Namen *Coca-Cola Classic* zurück, und die Einführung des neuen Geschmacks ging als einer der dümmsten Einfälle in die Wirtschaftsgeschichte ein.

Nützliche Vokabeln

soda – Brausegetränk (hauptsächlich an der Ostküste und in Kalifornien verwendet)
pop – Brausegetränk (hauptsächlich im Mittleren Westen verwendet)

54 RIGHT UP MY ALLEY

ganz mein Fall
(wörtlich: genau meine Gasse hoch)

In Großbritannien gibt es diese Redewendung auch, aber dort wird normalerweise *right up your street* gesagt. Die britische Version war bereits Anfang des 20. Jahrhunderts gebräuchlich und wurde in den 1930er-Jahren von den Amerikanern übernommen und abgewandelt. Anfangs wurde wahlweise *up* bzw. *down* benutzt, heute jedoch ist *right down your alley* nur noch selten zu hören. Mitunter wird auch einfach nur *up my alley* gesagt: *"That was really up my alley."* (»Das war wirklich ganz mein Fall.«)

Beispiele

"Electronic music is right up my alley." (»Elektronische Musik ist ganz mein Fall.«)

"The material was right up my alley," Calder told me. "It was a good script, it was funny, I liked the characters." (»Das Material war ganz mein Fall«, sagte mir Calder. »Es war ein gutes Drehbuch, es war lustig und ich mochte die Figuren.«)

"The first time I encountered a graphic novel, I have to admit, I was skeptical — comics were never really up my alley." (»Als ich zum ersten Mal eine Graphic Novel gesehen habe, war ich skeptisch, das muss ich zugeben, denn Comics waren nie so ganz mein Fall gewesen.«)

Good to know

Der Begriff *graphic novel* wurde erstmals 1964 verwendet. Richard Kyle beschrieb damit in CAPA-ALPHA, einem Newsletter der *Comic Amateur Press Alliance*, Comics mit einem ernsthaften künstlerischen Anspruch.

Nachdem dieser Begriff 1978 auf dem Cover der Paperback-Ausgabe von Will Eisners *A Contract with God, and Other Tenement Stories* stand, verbreitete er sich schnell und ist heute ein beliebtes Genre mit eigenen Abteilungen in Bibliotheken und Buchläden.

Nützliche Vokabeln

novel – Roman
contract – Vertrag

55 Go against the grain

das Gegenteil vom Üblichen tun
(wörtlich: gegen die Faserung gehen)

Diese Redewendung bezieht sich auf das Sägen von Holz entgegen der Faserung und kann zweierlei Bedeutungen haben: Zum einen, dass einem etwas »gegen den Strich geht«, zum anderen, dass man etwas tut, was das Gegenteil vom Üblichen ist. Damit hat sich die ursprüngliche Bedeutung aus dem 19. Jahrhundert, die »Unruhe stiften« war, wesentlich abgeschwächt.

Beispiele

Microsoft's new CEO has made some major course corrections and taken steps that go against the grain of the company's culture. (Der neue Vorstandschef von Microsoft hat wesentliche Kurskorrekturen vorgenommen sowie Schritte getätigt, die den Gepflogenheiten im Unternehmen entgegenstehen.)

One airline is going against the grain: at a time when airline plane seats are getting increasingly smaller, Southwest is adding the widest coach cabin seats in the United States. (Eine Fluggesellschaft tut das Gegenteil vom Üblichen: Zu einer Zeit, da die Sitze in Passagierflugzeugen immer kleiner werden, führt Southwest die breitesten Economy-Class-Sitze in den USA ein.)

Good to know

Im Fernverkehr dominiert neben dem Auto das Flugzeug. Dieses nimmt in den USA in etwa die Funktion ein, die in Europa der Zug hat.

Die amerikanische Bahngesellschaft *Amtrak* fährt daher nur auf relativ wenigen Strecken, und das Zugfahren ist in den USA insgesamt etwas umständlicher als in Europa. Zum Beispiel darf das Ein- und Aussteigen oft nur an bestimmten Türen erfolgen. Die Züge sind aber bequem und sauber.

Die Fahrkarten sollten auf jeden Fall im Voraus reserviert werden, denn jeder Zug nimmt nur so viele Passagiere mit, wie Sitzplätze vorhanden sind. Je eher man bucht, desto preiswerter sind die Fahrkarten in der Regel.

Nützliche Vokabeln

business class – 1. Klasse (im Zug)
coach – 2. Klasse (im Zug)
one-way – Einfache Fahrt
round trip – Hin- und Rückfahrt

56 DROP THE BALL

einen schwerwiegenden Fehler bzw. ein Versäumnis begehen, insbesondere durch Nachlässigkeit
(wörtlich: den Ball fallen lassen)

Im *American Football* wird der Ball durch Werfen und Tragen über das Spielfeld transportiert. Wenn ein Spieler den Ball fallen lässt, hat das nicht selten katastrophale Folgen für seine Mannschaft.

Das Gleiche gilt für Baseball: Wenn der Ball nicht sicher gefangen, sondern zu Boden gefallen lassen wird, wirkt sich das negativ auf den Spielverlauf aus.

Beispiele

The prosecutor dropped the ball when he picked his key witness. He should have known that this guy was unreliable. (Der Staatsanwalt hat versagt, als er seinen wichtigsten Zeugen auswählte. Er hätte wissen sollen, dass dieser Kerl unzuverlässig ist.)

The hospital dropped the ball when it ignored the Ebola patient's symptoms. (Das Krankenhaus hat versagt, als es die Symptome des Ebola-Patienten ignorierte.)

"I had to fire him because he totally dropped the ball. We can't afford such mistakes." (»Ich musste ihn entlassen, weil er total versagt hat. Wir können uns solche Fehler nicht leisten.«)

Fettnäpfchengefahr

Wer am Arbeitsplatz ein schwerwiegendes Versäumnis begeht, bekommt von seinem Vorgesetzten unter Umständen *"You dropped the ball!"* zu hören. Seinerseits sollte man dies allerdings nie sagen, denn Vorgesetzte machen bekanntlich keine Fehler.

Good to know

Die meisten Arbeitsverträge in den USA enthalten die Wörter *at will*. Dies bedeutet, dass das Arbeitsverhältnis von beiden Seiten ohne Vorwarnung gekündigt werden kann und dann augenblicklich beendet ist. Während Arbeitgeber davon reichlich Gebrauch machen, wird von Arbeitnehmern in der Regel erwartet, 14 Tage vor dem letzten Arbeitstag Bescheid zu geben. Das wird als *two weeks notice* bezeichnet.

Nützliche Vokabeln

fire someone – jemanden entlassen
unreliable – unzuverlässig

57 Jump the shark

ab diesem Punkt geht es mit der Qualität bergab
(wörtlich: über den Hai springen)

1977 sprang eine Hauptfigur der beliebten Fernsehserie *Happy Days* per Wasserski über einen Hai. Die Episode, in der das geschah, gilt rückblickend als Wendepunkt, da sie den qualitativen Niedergang der Serie einleitete. *Jump the shark* hat sich anschließend eingebürgert, einen endgültigen Qualitätswandel zum Negativen hin auszudrücken, nicht nur bei Fernsehserien.

Beispiele

It is undeniable, this author jumped the shark with his fourth mystery novel. Maybe he shouldn't have rushed to finish it. (Es ist unbestreitbar, ab seinem vierten Krimi ging es mit diesem Autor bergab. Er hätte sich mit der Fertigstellung vielleicht nicht so beeilen sollen.)

The automaker jumped the shark with the 900. The company has not had a good car since then. (Mit dem 900 begann der Niedergang des Autoherstellers. Seitdem hatte das Unternehmen nie wieder ein gutes Auto.)

Have "The Simpsons" already jumped the shark? Or are they as good as ever? (Geht es mit *Die Simpsons* bereits bergab? Oder sind sie so gut wie immer?)

Good to know

In den USA werden Staffeln von Fernsehserien als *seasons* bezeichnet. Die erste Staffel ist somit die *first season*. Die allererste Episode einer Serie wird *pilot* genannt, die letzte Folge einer Staffel *season finale* und die allerletzte Folge einer Serie *series finale*. Viele Serien werden jedoch schon nach wenigen Episoden oder sogar schon nach der *pilot episode* wegen Zuschauermangel sang- und klanglos abgebrochen *(cancelled)*, sodass es weder ein *season finale* noch ein *series finale* gibt. Lediglich ein Drittel der amerikanischen Fernsehserien erleben eine *second season*.

Nützliche Vokabeln

undeniable – unbestreitbar
rush – beeilen, hasten
as good as ever – so gut wie immer

58 Caught red-handed

auf frischer Tat gestellt
(wörtlich: rothändig gefangen)

Im Schottland des 15. Jahrhunderts war Viehdiebstahl nichts Seltenes, konnte aber nur schwer nachgewiesen werden, es sei denn, man ertappte den Dieb während des Diebstahls oder mit dem Blut des getöteten Tieres an den Händen. In den Gerichtsdokumenten stand oft die Notiz *apprehended redhand* (»mit Roterhand festgenommen«). Sir Walter Scott verwendete *redhanded* in seinem Roman *Ivanhoe* (1820), wodurch dieses Wort im gesamten englischen Sprachraum verbreitet wurde. Der erste schriftliche Nachweis von *caught red-handed* liegt in dem Roman *Guy Livingstone* (1857) von George Alfred Lawrence vor. Heutzutage kann man diese Redewendung beinahe täglich in den amerikanischen Medien finden.

Beispiele

A graffiti vandalism suspect was literally caught red-handed when Midland police said they found red paint on his hands. (Ein des Graffiti-Vandalismus Verdächtigter wurde mit roter Farbe an den Händen von der Polizei in Midland gestellt.)

Two men were caught red-handed by the police during a home invasion in Seattle. (Zwei Männer in Seattle wurden auf frischer Tat von der Polizei gestellt, als sie in ein Haus eindrangen.)

A burglar was chased by his victim after being caught red-handed. (Ein Einbrecher wurde von seinem Opfer gejagt, nachdem er auf frischer Tat ertappt worden war.)

Good to know

In den USA werden jedes Jahr rund zwei Millionen Einbrüche verübt. Zwei Drittel betreffen Wohnungen bzw. Häuser von Privatpersonen. Bei einem Drittel wird es den Einbrechern einfach gemacht, indem sie durch eine nicht abgeschlossene Tür oder ein nicht verriegeltes Fenster eindringen können.

Nützliche Vokabeln

literally – buchstäblich
burglary – Einbruch mit Diebstahlsabsicht
home invasion – Einbruch mit gewalttätiger Absicht

59 AT THE DROP OF A HAT

ganz plötzlich, auf der Stelle
(wörtlich: beim Fall eines Hutes)

Im 19. Jahrhundert wurde durch das Fallenlassen eines Hutes der Beginn einer Prügelei bzw. eines Wettrennens signalisiert und die Redewendung *at the drop of a hat* bedeutet damals wie heute, dass man in der Lage ist, etwas auf der Stelle zu tun, bzw. dass etwas ganz plötzlich und ohne Vorwarnung geschieht. Mitunter sagen die Amerikaner auch *at the drop of a dime* (wörtlich: beim Fall einer 10 Cent-Münze).

BEISPIELE

Small kids frequently lose control of their emotions, often at the drop of a hat, and especially if they are tired, hungry or otherwise off-kilter. (Kleine Kinder verlieren oft die Kontrolle über ihre Gefühle, nicht selten ganz plötzlich und besonders, wenn sie müde oder hungrig oder anderweitig aus dem Gleichgewicht geraten sind.)

Today's digitally-enabled customers are a powerful bunch and they are ready, willing and more than able to switch brands at the drop of a hat. (Die heutigen Kunden mit ihren digitalen Kenntnissen sind eine mächtige Schar und sie sind bereit, willens und mehr als fähig, auf der Stelle Marken zu wechseln.)

GOOD TO KNOW

Das Tragen von Hüten ist in der 2. Hälfte des 20. Jahrhunderts aus der Mode gekommen, mit einer Ausnahme: der *cowboy hat*. Insbesondere im Westen und Süden der USA sowie im Westen Kanadas und im Norden Mexikos kann man diese Kopfbedeckung auch heute noch häufig sehen. John Stetson begann 1865 diese praktische Hutform, die vor Sonne und Regen schützt, zu produzieren und an Cowboys zu vermarkten. Um 1925 kam ein größerer Cowboy-Hut in Mode, der *ten-gallon hat* genannt wurde. Diese Bezeichnung kam allerdings nicht vom Fassungsvermögen des Hutes, das in Wirklichkeit weniger als eine Gallone betrug. Vielmehr hatten englischsprachige Amerikaner die mexikanischen Worte *tan galán,* die so viel wie »sehr elegant« bedeuten, als *ten gallon* verstanden. Sowohl der reguläre *cowboy hat* als auch der *ten-gallon hat* waren, was das Design betrifft, vom mexikanischen Sombrero inspiriert worden, der ursprünglich auch von den Cowboys im Westen der USA getragen wurde.

Nützliche Vokabeln

off-kilter – aus dem Gleichgewicht
bunch – Schar, Haufen, Strauß, Büschel

60 GO OUT ON A LIMB

sich weit vorwagen, ein Wagnis eingehen
(wörtlich: auf einen Ast hinausgehen)

Wenn der Deutsche »sich weit aus dem Fenster lehnt«, geht der Amerikaner *out on a limb,* d. h. er wagt sich auf einen Ast hinaus und geht damit bewusst ein Risiko ein, denn der Ast könnte natürlich abbrechen. Diese Redewendung begann Ende des 19. Jahrhunderts in amerikanischen Zeitungen aufzutauchen. Alternativ sagen die Amerikaner mitunter auch *stick one's neck out* (wörtlich: seinen Hals rausstecken).

Beispiele

"Maybe I'm going a little out on a limb with this statement, but I believe that everything you need to know about America you can learn from watching 'The Simpsons.'" (»Vielleicht lehne ich mich mit dieser Aussage ein wenig zu weit aus dem Fenster, aber ich glaube, dass man alles, was man über Amerika wissen muss, lernen kann, indem man *Die Simpsons* schaut.«)

"It was kind of hard to decide between a cooked asparagus recipe, and really going out on a limb and trying a recipe using raw asparagus." (»Es war recht schwer, zwischen einem Rezept mit gekochtem Spargel und einem gewagten Rezept mit rohem Spargel zu entscheiden.«)

Organizers went out on a limb when they booked a 100,000 seat stadium for their event, but it paid off. (Die Organisatoren gingen ein Wagnis ein, als sie ein Stadion mit 100.000 Sitzplätzen buchten – aber es hat sich ausgezahlt.)

Good to know

Der weiße Spargel, der in West- und Mitteleuropa gegessen wird, ist den meisten Amerikanern unbekannt. In den USA wird beinahe ausnahmslos grüner Spargel verkauft. Dieser wird hauptsächlich in den Bundesstaaten Kalifornien, Michigan und Washington produziert.

Die Kleinstadt Hart im Westen von Michigan hat sich den Beinamen *The Asparagus Capital of the Nation* gegeben. Jedes Jahr im Juni findet dort ein großes Spargelfest mit Festumzug und Wahl einer Spargelkönigin statt.

Nützliche Vokabeln

asparagus capital – Spargelhauptstadt
asparagus festival – Spargelfest
recipe – (Koch-)Rezept

61 TOUCH-AND-GO

auf der Kippe stehen
(wörtlich: berühren und fortfahren)

Wenn Kutschen, die sich auf engen Straßen berührten, oder Schiffe, die mit ihrem Kiel gegen einen Felsen oder den Grund rieben, gerade noch so davon kamen, dann war das in beiden Fällen *touch-and-go*. Geschrieben wird diese Redewendung sowohl mit als auch ohne Bindestriche zwischen den Worten. Diese dienen lediglich der besseren Lesbarkeit eines Textes.

Beispiele

Even on Monday, it was touch-and-go whether the winds would be low enough to start the race. (Selbst am Montag stand es noch auf der Kippe, ob die Windstärke niedrig genug sein würde, um das Rennen starten zu können.)

"It's still touch and go, we need to see over the next few weeks if the nerves in his leg recover," said the surgeon. (»Es steht noch auf der Kippe, wir werden im Laufe der nächsten Wochen sehen müssen, ob die Nerven in seinem Bein heilen«, sagte der Chirurg.)

It is still touch-and-go at the nuclear talks in Lausanne. (Die Nuklearverhandlungen in Lausanne stehen noch auf der Kippe.)

Good to know

In der Luftfahrt bedeutet *touch-and-go* ein Aufsetzen auf der Landebahn mit anschließendem Durchstarten, ohne dass das Flugzeug zum Stillstand kommt.

Das kann zum Beispiel bei der Flugausbildung von Nutzen sein oder beim Anliefern von Hilfsgütern in gefährlichen Gebieten.

Nützliche Vokabeln

wind speed – Windstärke
orthopedic surgeon – orthopädischer Chirurg
talk – Gespräch, Vortrag, Verhandlung
nuclear power plant – Atomkraftwerk

62 COME OUT OF LEFT FIELD

aus heiterem Himmel kommen
(wörtlich: aus dem linken Feld kommen)

Diese Redewendung stammt aus dem Baseball und fand über die Musikindustrie ihren Weg in die Umgangssprache. Die genaue Herkunft ist unbekannt, aber die Erklärung von Marcus Callies von der Universität Bremen leuchtet ein: Wenn der in der linken Spielhälfte positionierte Spieler *(left fielder)* den Ball in Richtung *home plate* wirft, kann das der Läufer der gegnerische Mannschaft, der sich auf der Zielgeraden in Richtung *home plate* befindet, nicht sehen. Wird der Ball dort gefangen, wird ein Punkten des Läufers verhindert. Da dieser den Wurf nicht sah, kommt das für ihn überraschend.

In den 1940er-Jahren wurde diese Redewendung auf Musikhits angewendet, die scheinbar aus dem Nirgendwo kamen, und in den 1950er-Jahren war sie bereits allgemein verbreitet. Oft sagen die Amerikaner auch *out of the blue sky* (aus blauem Himmel), oft in der Kurzform *out of the blue*. Eine ganz ähnlich klingende Redewendung ist *out in left field*, die allerdings bedeutet, dass etwas bzw. jemand ausgefallen oder exzentrisch ist.

BEISPIELE

"It came out of left field," Miller said. "There was no prior indication of this." (»Es kam aus heiterem Himmel«, sagte Miller. »Dafür gab es keine vorherigen Anzeichen.«)

His lawyer argued that the incident was very out of character for the married, hard-working man. "This is something that really came out of left field," he said. (Sein Anwalt argumentierte, dass der Vorfall ganz und gar nicht charakteristisch für den verheirateten, hart arbeitenden Mann war. »Das ist etwas, das aus heiterem Himmel kam«, sagte er.)

Good to know

Um zu verhindern, dass die Kollegen etwas aus heiterem Himmel trifft, verwenden Amerikaner gern den Begriff *heads-up* (wörtlich: Kopf hoch), der in etwa »Vorwarnung« bedeutet. Im Englischen handelt es sich um ein Substantiv, in der deutschen Übersetzung macht sich jedoch das Verb »vorwarnen« oft besser, zum Beispiel: "*I just wanted to give you a heads-up on ...*" (»Ich wollte dich schon einmal vorwarnen, dass ...«)

Nützliche Vokabeln

advance warning – Vorwarnung
without warning – ohne Vorwarnung

63 NOT TOUCH SOMETHING WITH A TEN-FOOT POLE

nicht einmal mit der Kneifzange anfassen
(wörtlich: etwas nicht mit einer 10-Fuß-Stange berühren)

Diese Redewendung bezieht sich höchstwahrscheinlich auf jene Stangen mit einer Länge von 10 Fuß (3 Meter), die benutzt wurden, um Boote in flachen Gewässern fortzubewegen. Sie lässt sich in den USA schon in der ersten Hälfte des 19. Jahrhunderts gedruckt nachweisen, könnte aber aus dem 18. Jahrhundert stammen. In Großbritannien wird sie ebenfalls verwendet, allerdings mit dem Wort *barge-pole* (Bootsstange) statt *ten-foot pole.*

Beispiele

This work pays extremely well, but he wouldn't touch it with a ten-foot pole. (Diese Arbeit wird außerordentlich gutbezahlt, aber er würde sie nicht einmal mit der Kneifzange anfassen.)

How difficult was it to find a publisher? – I sent the manuscript to dozens — large houses, small houses, lesbian publishers who said "we don't do children's books," children's publishers who said "we don't do gay books." Several said, "We understand there is an eager market for this book, but we wouldn't touch it with a ten-foot pole." (»Wie schwer war es, einen Verlag zu finden? – Ich habe das Manuskript an Dutzende geschickt: große und kleine Verlagshäuser, Verlage für lesbische Literatur, die sagten ›wir machen keine Kinderbücher‹, Kinderbuchverlage, die sagten ›wir machen keine Bücher mit homosexuellem Schwerpunkt‹. Mehrere meinten: ›Wir verstehen, dass es einen begierigen Markt für dieses Buch gibt, aber wir würden es nicht einmal mit der Kneifzange anfassen.‹«)

GOOD TO KNOW

Heather Has Two Mommies (Heather hat zwei Muttis) erschien 1989 und war das erste Kinderbuch, in dem es um die Tochter eines lesbischen Paares ging. Das oben aufgeführte Beispiel ist aus einem Interview mit der Autorin Lesléa Newman.

NÜTZLICHE VOKABELN

publishing house, publisher – Verlag
small press – kleiner Verlag
self-publishing – Selbstverlag, Eigenverlag

64 BEHIND THE EIGHT BALL

in der Klemme stecken
(wörtlich: hinter dem 8-Ball)

Diese Redewendung kommt aus dem *eight ball* (8-Ball), einer Disziplin des Poolbillard, bei der es fünfzehn nummerierte Objektbälle und einen Spielball gibt. Der Spielball ist weiß, sieben der Objektbälle einfarbig und die anderen sieben farbig und weiß gestreift. Der Objektball mit der Nummer 8 ist schwarz und heißt wie das Spiel *eight ball.* Wenn dieser versehentlich versenkt wird oder vom Tisch fliegt, ist das Spiel verloren. Mitunter geschieht es, dass ein Objektball ungünstig hinter dem *eight ball* liegt und den Spieler in eine ausweglose Lage bringt. Die Redewendung *behind the eight ball* tauchte Ende der 1920er-Jahre in amerikanischen Zeitungen auf und wird heute hauptsächlich in der Politik- und Sportberichterstattung verwendet.

Beispiele

Currently, most doctors do nothing until the teen is obese, but some are trying not to wait until the person is behind the eight ball. (Gegenwärtig unternehmen die meisten Ärzte nichts, bis ein Teenager fettleibig ist, aber einige versuchen, nicht zu warten, bis eine Person in der Klemme sitzt.)

No major water infrastructure project has been built since the 1970s. Now, four years into a historic drought, California is behind the eight ball. (Seit den 1970er-Jahren wurde kein wichtiges Projekt im Wasserversorgungsnetz verwirklicht. Jetzt, im vierten Jahr einer historischen Dürre, sitzt Kalifornien in der Klemme.)

Good to know

Wenn es im Westen der USA eine Dürre gibt, wird immer wieder die Idee diskutiert, eine Rohrleitung zu bauen und Wasser aus den Großen Seen zu nutzen. Jedoch gibt es zwei große Hindernisse: Zum einen müsste das Wasser bergauf gepumpt werden, da die westlichen Staaten höher über dem Meeresspiegel als die Großen Seen liegen, was den viele Milliarden Dollar teuren Bau und Betrieb von Pumpstationen und Kraftwerken nötig machen würde. Zum anderen erlaubt ein Gesetz mit dem Titel *Great Lakes-St. Lawrence River Basin Water Resources Compact,* das sowohl von den Anrainerstaaten der Großen Seen als auch vom Kongress der Vereinigten Staaten verabschiedet wurde, nur den Verwaltungsbezirken in unmittelbarer Nähe zu den Seen, deren Wasser zu nutzen.

Nützliche Vokabeln

drought – Dürre
Great Lakes – Große Seen

65 PAN OUT

sich bewahrheiten, in Erfüllung gehen
(wörtlich: rauswaschen)

Während des kalifornischen Goldrausches von 1848 bis 1854 wurde nicht nur in Bergwerken Gold abgebaut, sondern auch in den umliegenden Flüssen gesucht. Zu diesem Zweck wurden Sedimente per Hand in einer Pfanne gewaschen. Der schwerere Goldstaub blieb am Pfannenboden liegen, während die leichteren Bestandteile, wie Schlamm und Kies, durch eine Drehbewegung über den Rand hinausgespült wurden. Oft war kein Gold dabei, aber im Falle eines Erfolges sprach man davon, dass es *panned out* wurde. Im übertragenen Sinne lässt sich diese Redewendung gut verwenden, wenn es darum geht, ob Hoffnungen Realität werden oder nicht. Umgangssprachlich kann man *pan out* in vielen Fällen mit »klappen« übersetzen, zum Beispiel: *It didn't pan out.* (Es hat nicht geklappt.)

Beispiele

Increased water temperature in the Southern California Bight was expected to increase the quantity of young sardines, but that didn't pan out. (Aufgrund der gestiegenen Wassertemperatur in der Southern California Bight war erwartet worden, dass die Zahl der jungen Sardinen steigen würde, was aber nicht in Erfüllung gegangen ist.)

If this year's estimates pan out, then 2016 will be the fifth consecutive year of double-digit growth across the region. (Wenn sich die Vorhersagen für dieses Jahr bewahrheiten, dann wird 2016 das fünfte Jahr in Folge mit einem zweistelligen Wachstum in der gesamten Region sein.)

Steve decided that if his writing career didn't pan out, he could always go back to working in advertising. (Steve entschied, dass er jederzeit wieder in der Werbung arbeiten könnte, sollte es mit seiner schriftstellerischen Karriere nicht klappen.)

Good to know

Wenn etwas wie immer und vollkommen erwartet geschieht, verwenden die Amerikaner mitunter *par for the course*, z. B. *Bill's presentation was excellent, but that's par for the course.* (Bills Vortrag war ausgezeichnet, aber das war zu erwarten.) Dieser Begriff kommt aus dem Golfsport, wo er das erwartete Ergebnis für einen bestimmten Golfplatz ausdrückt.

Nützliche Vokabeln

frying pan – Bratpfanne
flash in the pan – Eintagsfliege, Strohfeuer

66 Turn a blind eye

willentlich ignorieren, ein Auge zudrücken
(wörtlich: ein blindes Auge zuwenden)

In der Seeschlacht von Kopenhagen im Jahr 1801 soll der aufgrund von Kriegsverletzungen einäugige und einarmige britische Admiral Horatio Nelson das Flaggensignal seines übervorsichtigen Vorgesetzten, das ihn zum Rückzug aufforderte, willentlich ignoriert haben, in dem er das Fernrohr an sein blindes Auge hielt und sagte: »Ich sehe das Signal wirklich nicht.« Die clevere Befehlsverweigerung zahlte sich aus, denn Nelson gewann die Schlacht und wurde anschließend zum Oberbefehlshaber der Flotte ernannt.

Beispiele

Amnesty International accuses the United States of turning a blind eye to human rights violations in Uzbekistan in order to keep the repressive regime as an ally in the U.S.-led coalition in Afghanistan. (Amnesty International beschuldigt die Vereinigten Staaten, Menschenrechtsverletzungen in Usbekistan willentlich zu ignorieren, um das repressive Regime als Verbündeten in der von den USA geführten Koalition in Afghanistan zu behalten.)

Twenty innocent first graders and six educators were gunned down in their elementary school, yet Congress turned a blind eye and did absolutely nothing. (Zwanzig unschuldige Erstklässler und sechs Pädagogen wurden in ihrer Grundschule erschossen, aber der Kongress ignorierte das willentlich und hat absolut nichts unternommen.)

GOOD TO KNOW

Das *United States Marine Corps (USMC)*, das oft als *Marines* oder *US-Marines* bezeichnet wird, ist eine Teilstreitkraft der *United States Armed Forces*. Der Name ist auf den ersten Blick etwas irreführend, denn die *Marines* sind nicht die gesamte amerikanische Marine, die den Namen *US Navy* trägt, sondern deren Infanterie. Neben der Durchführung von aktiven Kampfeinsätzen bewachen die *Marines* auch die Einrichtungen und Schiffe der *US Navy* sowie US-Botschaften in aller Welt.

NÜTZLICHE VOKABELN

armed forces – bewaffnete Streitkräfte
Department of Defense – Verteidigungsministerium

67 PULL (THE) STRINGS

seine Beziehungen spielen lassen, die Fäden ziehen
(wörtlich: die Fäden ziehen)

Im Marionettentheater zieht der Puppenspieler an Fäden, um die Glieder einer Marionette zu bewegen. Die Redewendungen *pull the strings* (hinter den Kulissen die Fäden ziehen) und *pull strings* (seine Beziehungen spielen lassen) kamen Ende des 19. Jahrhunderts auf, wo sie zuerst im politischen Kontext verwendet wurden.

Beispiele

Her father pulled some strings and got her an internship at the United Nations. (Ihr Vater hat seine Beziehungen spielen lassen und besorgte ihr ein Praktikum bei den Vereinten Nationen.)

Everything is under control, even if you can't quite see the people pulling the strings behind the scenes. (Alles ist unter Kontrolle, auch wenn man die Leute, die im Hintergrund die Fäden ziehen, nicht genau erkennen kann.)

Vladimir Putin was always pulling the strings, even when Dmitry Medvedev was president. (Wladimir Putin hat zu jeder Zeit hinter den Kulissen die Fäden gezogen, selbst als Dmitri Medwedew Präsident war.)

Good to know

Russische Namen werden in der englischen Transkription oft anders geschrieben als im Deutschen. Einige Beispiele: Statt eines »w« wird ein »v« verwendet und statt eines »i« mitunter ein »y« (Dmitri Medwedew – *Dmitry Medvedev*). Anstelle von »sch« wird oft »zh« oder »ch« geschrieben (Breschnew – *Brezhnev*) und statt »tsch« verwendet man »ch« (Tschernenko – *Chernenko*), außerdem »kh« statt »ch« sowie »ev« statt »ow« (Michail Gorbatschow – *Mikhail Gorbachev*) und »y« statt »j« (Juri Andropow – *Yuri Andropov*).

Nützliche Vokabeln

puppet – Puppe
puppeteer – Puppenspieler

68 THE REAL McCOY

das Original
(wörtlich: der wahre McCoy)

Was die Herkunft dieser Redewendung betrifft, gibt es zwei geläufige Erklärungen. Zum einen wird angenommen, dass es sich um eine Abwandlung des schottischen Werbeslogans *The real MacKay* handelt, den es seit Mitte des 19. Jahrhunderts gab. Zum anderen wird sie mit der automatischen Schmiervorrichtung für Dampfmaschinen von Lokomotiven in Verbindung gebracht, für die Elijah McCoy 1872 eines seiner 57 Patente erhielt.

McCoy war der Sohn ehemaliger Sklaven, die nach Kanada geflohen waren. Dort wurde er 1844 geboren. 1847 kehrte die Familie in die USA zurück und lebte fortan in Michigan. Als McCoy 15 Jahre alt war, wurde er nach Schottland geschickt, um Maschinenbau zu studieren. Wieder zu Hause, fand er allerdings nur Arbeit als Heizer auf Dampflokomotiven. In seiner Freizeit tüftelte er jedoch an technischen Neuerungen, und da ihm das zeitraubende Problem der Dampfmaschinenschmierung aus eigener Erfahrung bekannt war, entwickelte er eine Lösung dafür. Diese Theorie für das Aufkommen der Redewendung besagt, dass Lokführer *the real McCoy* verlangten und nicht irgendwelche Nachahmungen seiner Schmiervorrichtung.

BEISPIELE

Canon and other camera manufacturers recently posted warnings about fake lithium-ion batteries being labeled and packaged to look exactly like the real McCoy. (Canon und andere Hersteller von Fotoapparaten haben in letzter Zeit Warnungen veröffentlicht, dass imitierte Lithium-Ionen-Batterien so beschriftet und verpackt sind, dass sie genau wie das Original aussehen.)

Fake classic cars are increasingly becoming a problem. How do you know if that vintage Ferrari is the real McCoy? (Gefälschte

Oldtimer werden zunehmend zum Problem. Wie weiß man, ob der alte Ferrari echt ist?)

Good to know

Das Wort *oldtimer* als Bezeichnung für ein altes Auto kennen die Amerikaner nicht. Ein altes Auto ist ein *classic car* bzw. *vintage car* und ein *old-timer* (mit Bindestrich geschrieben) ist entweder ein alter Mensch oder eine Person, die einen Job, eine Mitgliedschaft oder einen Wohnsitz schon viele Jahre innehat.

Nützliche Vokabeln

fake, counterfeit, imitation – Fälschung
vintage – alt und von gehobener Qualität

69 Make a beeline for something

schnurstracks auf etwas zugehen
(wörtlich: eine Bienen-Linie machen)

Make a beeline ist eine Redewendung, die aus der Welt der Bienenhaltung kommt: Wenn eine Kundschafterbiene eine Nahrungsquelle entdeckt, fliegt sie zurück zum Bienenstock und informiert andere Bienen durch eine Art Tanz über die Richtung und die Distanz, in der sich der Fundort befindet. Die anderen Bienen wissen dann Bescheid und können schnurstracks dorthin fliegen. *Make a beeline* ist im übertragenen Sinne bereits in gedruckten Werken aus den Anfangsjahren des 19. Jahrhunderts zu finden.

Beispiele

He felt sick and made a beeline for the restroom. (Ihm war übel und er ging schnurstracks zur Toilette.)

In Washington, most visitors make a beeline for the White House. (In Washington begeben sich die meisten Touristen schnurstracks zum Weißen Haus.)

Kim Kardashian admits she made a beeline for Kanye West after splitting from Kris Humphries. (Kim Kardashian gibt zu, dass sie schnurstracks Kanye West anpeilte, nachdem sie sich von Kris Humphries getrennt hatte.)

Good to know

In den USA findet seit etwa zehn Jahren ein Massensterben der Honigbienen statt, das mit dem Begriff *Colony Collapse Disorder* bezeichnet wird. Die Ursachen sind umstritten, könnten aber zumindest teilweise bei einer einseitigen Ernährung durch großflächige Monokulturen, insbesondere Mais, und einer übermäßigen Verwendung von Pestiziden liegen.

Nützliche Vokabeln

beekeeper – Imker
corn – Mais
unbalanced diet – einseitige Ernährung

Putting it all together

★ Teil 1: Verbinden Sie die zusammengehörenden Sätze!

An unemployment rate of less than three percent is wishful thinking.	I would like to get this job.
I can't believe he just said that.	It just goes against the grain for me.
I enjoyed this week-end in the mountains.	Make sure that it is the real McCoy!
I don't want to do this.	But with the third season, they jumped the shark.
I liked the first two seasons of "House of Cards" very much.	It simply didn't pan out.
Can't you pull some strings?	Snowboarding and cross-country skiing are right up my alley.
He always expects me to do something at the drop of a hat.	Does he think I have nothing else to do?
I wanted to be a ballet dancer.	He's really crossed the line.
You want to buy a Rolex?	Actually, it's more than that: It's pie in the sky.

★ Teil II: Bitte ergänzen Sie die fehlenden Wörter!

Unterhalb stehen die Wörter, die im Text fehlen. Wenn Sie sich die Aufgabe ein wenig erschweren möchten, sollten Sie diese mit der Hand oder einem Blatt Papier verdecken.

Bob und Rick sind zwei Kriminelle, die vom FBI während einer Autofahrt abgehört werden. Mit der Tonqualität gibt es Probleme, sodass einige Lücken im Gespräch geschlossen werden müssen:

Bob: We almost got arrested because you dropped the ________!

Rick: I did what? It was you who almost got caught ________-handed.

Bob: It was all for the ________, because it was a stupid idea in the first place.

Rick: Stupid idea? I went out on a ________ for you and you call my ideas stupid? It should have been a piece of ________, but that cop showed up. He came out of ________ field!

Bob: In any case, we really dodged a ________

there! I mean, was that cop an idiot? But maybe he turned a blind _______ for some reason?

Rick: No, he didn't. Stupid cops are as American as _______ pie, you know that!

Bob: But we're stupid too. We don't pay attention for one moment, and next thing you know, we're behind the _______ ball.

Rick: It was more like touch and _______.

Bob: Whatever! It's too late now. That _______ has sailed and now we need to think of something else.

Rick: Maybe we should rob the post office.

Bob: The post office? Are you insane? I wouldn't touch that with a ten-foot _______!

Rick: It should be easy. But that's just my two _______.

Bob: You're an idiot. I really need a drink. Let's

make a _______ for the bar.

. . . .

Hier die Liste der Wörter, die im obigen Text fehlen:
eight / ship / beeline / limb / go / ball / bullet / apple/ pole / birds / left / cake / red / eye / cents

Die richtigen Lösungen finden Sie auf Seite 268.

V
ERFORDERLICHES

70 BITE THE BULLET

in den sauren Apfel beißen
(wörtlich: auf das Geschoss beißen)

Es wird angenommen, dass diese Redewendung ihren Ursprung entweder in der Medizin oder in der Kriegsführung hat. Wenn Operationen ohne Betäubung durchgeführt wurden, hat man den Patienten mitunter auf ein Projektil beißen lassen. (In der Regel bissen die Schmerzgeplagten allerdings auf einen Lederriemen.) Diese Operationen wurden natürlich nur durchgeführt, wenn sie sich nicht vermeiden ließen.

Eine andere Theorie besagt, dass *bite the bullet* seinen Ursprung in der britischen Redewendung *bite the cartridge* hat, die im Indischen Aufstand von 1857 entstanden war. Hinduistische und muslimische Soldaten erhoben sich gegen ihre britischen Befehlshaber, weil diese Papierpatronen eingeführt hatten, die aufgebissen werden mussten.

Da das Papier nach einem weit verbreiteten Gerücht mit einer Mischung aus Rindertalg und Schweineschmalz behandelt worden war, stellte dies für Hindus und Moslems einen Verstoß gegen ihre religiösen Grundsätze dar.

Beispiele

"My car was having more and more problems. I had to bite the bullet eventually and buy a new transmission." (»Mein Auto hatte zunehmend Probleme. Letztlich musste ich in den sauren Apfel beißen und ein neues Getriebe kaufen.«)

Taxpayers should bite the bullet and approve funding for road maintenance. (Die Steuerzahler sollten in den sauren Apfel beißen und der Finanzierung der Straßeninstandhaltung zustimmen.)

Good to know

Das englische Wort *eventually* bedeutet nicht »eventuell«, sondern »letztendlich«. »Eventuell« heißt im Englischen *possibly.*

Nützliche Vokabeln

transmission – Getriebe
approve – genehmigen
funding – Bereitstellung von Geldmitteln
maintenance – Instandhaltung

71 KEEP THE BALL ROLLING

am Laufen halten
(wörtlich: den Ball am Laufen halten)

Diese Redewendung kommt nicht etwa aus dem Sport, sondern aus dem amerikanischen Wahlkampf des Jahres 1888. Anhänger des Präsidentschaftskandidaten Benjamin Harrison rollten einen mit Wahlkampfparolen beschrifteten Ball über eine Strecke von ca. 5.000 Meilen von Maryland bis Indiana, dem Heimatstaat von Harrison. Der Ball, der etwa doppelt so hoch wie ein erwachsener Mann war und aus einem Stahlgerippe bestand, das mit Leinwand überzogen war, stellte den Nachbau des Balles dar, den Harrisons Großvater William Henry Harrison im Präsidentschaftswahlkampf 1840 verwendet hatte. Der Großvater hatte die Wahl zwar gewonnen, verstarb aber nach nur einem Monat im Amt an einer Lungenentzündung. Der Enkel gewann seine Wahl ebenfalls und war vier Jahre lang Präsident der Vereinigten Staaten. Die Redewendung *keep the ball rolling,* die durch die Zeitungsberichterstattung geprägt wurde, hat bis heute überlebt und findet besonders im Geschäftsleben Verwendung, auch in der Abwandlung *get the ball rolling* (den Ball ins Rollen bringen).

Beispiele

"If we don't get the ball rolling, we'll never meet the deadline." (»Wenn wir nicht mit der Arbeit anfangen, werden wir den Abgabetermin niemals einhalten können.«)

Tom started the project, but Alexandra kept the ball rolling after he left the company. (Tom hat das Projekt gestartet, aber Alexandra hat es am Laufen gehalten, nachdem er die Firma verlassen hatte.)

Good to know

Die Karriereleiter erklimmen die meisten Arbeitnehmer in den USA nicht innerhalb eines Unternehmens, sondern durch Arbeitsplatzwechsel. Das ist wohl der Hauptgrund, warum sich Amerikaner beruflich viel häufiger verändern als Deutsche. Viele sehen ihren gegenwärtigen Job immer nur als Sprungbrett für eine andere, besser bezahlte Arbeit und nicht selten fangen sie nach etwa einem Jahr an, sich nach einer Gelegenheit zum Wechsel umzuschauen.

Nützliche Vokabeln

deadline – Abgabetermin
job search – Arbeitssuche

72 WING IT

etwas mit wenig bzw. ohne Vorbereitung tun
(wörtlich: es fliegen lassen)

In Theatern wurde, wenn ein Schauspieler ausfiel, manchmal eine Rolle schnell im Seitenflügel *(wing)* des Gebäudes einstudiert. Von dort aus wurden dann auch während der Vorstellung Worte zugeflüstert. In dieser Bedeutung lässt sich *wing it* bereits Ende des 19. Jahrhunderts in Theaterzeitschriften nachweisen. Heutzutage kann man diese Redewendung u. a. oft im Geschäftsleben hinter vorgehaltener Hand hören, z. B. wenn jemand keine Zeit hatte, sich auf ein Meeting mit potenziellen Kunden vorzubereiten und daher einfach improvisiert. In deutsch-englischen Wörterbüchern findet man auch die Übersetzung »durchschummeln« bzw. »durchmogeln«, was aber nicht wirklich dem Wesen von *wing it* entspricht, da es zumindest im Amerikanischen nicht negativ besetzt ist. Das deutsche Wort »improvisieren« ist daher in den meisten Fällen die beste Übersetzung.

Beispiele

"I didn't have time to prepare; I just have to wing it." (»Ich hatte keine Zeit, mich vorzubereiten; ich muss jetzt einfach mal improvisieren.«)

"You can't just wing it when it comes to managing a project." (»Du kannst nicht einfach improvisieren, wenn es um die Leitung eines Projektes geht.«)

"I do better in interviews when I just wing it." (»Ich bin besser in Bewerbungsgesprächen, wenn ich einfach improvisiere.«)

Good to know

Eine Mischung aus Vorbereitung und Improvisieren ist sicher das beste Rezept für ein Bewerbungsgespräch in den USA. Zwar sollte man auf wahrscheinliche Fragen wie nach dem Umgang mit schwierigen Situationen oder Kunden und nach eigenen Unzulänglichkeiten gute Antworten parat haben, man sollte aber auch flexibel genug sein, um unerwartete Fragen beantworten zu können. Freundlichkeit ist bei allem das oberste Gebot, denn niemand will einen mürrischen oder arroganten Mitarbeiter, und sei er noch so qualifiziert.

Nützliche Vokabeln

prepare – vorbereiten bzw. zubereiten
(job) interview – Bewerbungsgespräch

73 DRAW A LINE IN THE SAND

eine Grenze ziehen
(wörtlich: einen Strich im Sand ziehen)

In der legendären Schlacht von Alamo (23. Februar–6. März 1836), die Teil des texanischen Unabhängigkeitskrieges war, belagerten 1.800 Mexikaner eine Festung, die von 200 texanischen Soldaten verteidigt wurde.

Der mexikanische General Antonio Lopez de Santa Anna schickte dem Befehlshaber der Verteidiger, Colonel William Travis, ein Schreiben, in dem er zur Aufgabe aufforderte und drohte, bei Verweigerung alle Soldaten in der Festung zu töten. Travis versammelte seine Leute, las ihnen den Brief vor und zog dann mit seinem Säbel einen Strich im Sand. Wer mit ihm bis zum Letzten kämpfen wolle, solle auf seine Seite des Striches kommen, aber wissen, dass diese Entscheidung unumstößlich sei. Mit einer Ausnahme erklärten sich alle zum Kampf bereit und starben letztendlich.

Die Redewendung *draw a line in the sand* wird seit Ende der 1970er-Jahre verwendet, um ein unwiderrufliches »bis hierher und nicht weiter« auszudrücken, oft auch in der kürzeren Version *draw the line.*

BEISPIELE

"I had to draw a line in the sand and tell my husband that I don't want to paint the nursery gray." (»Ich musste eine Grenze ziehen und meinem Mann sagen, dass ich das Babyzimmer nicht grau streichen will.«)

The Wall Street Journal reported on Thursday that two OPEC officials drew the line at $70 per barrel. (The Wall Street Journal berichtete am Donnerstag, dass zwei OPEC-Vertreter 70 US-Dollar pro Barrel als Grenzwert gekennzeichnet hatten.)

Good to know

Wenn es um die Farbe Grau geht, schreiben die Amerikaner *gray* und die Briten *grey*. Hier ist eine Eselsbrücke, wie man sich die jeweils richtige Schreibung merken kann: **A**merika – gr**a**y, **E**ngland – gr**e**y

Nützliche Vokabeln

flag – kennzeichnen
barrel – Fass (als Maßeinheit: 119,24 Liter)
nursery – Babyzimmer

74 GET DUCKS IN A ROW

sich in Stellung bringen
(wörtlich: Enten in die Reihe kriegen)

Bevor man ein Projekt oder einen Konkurrenten angeht, sollte man organisatorisch alles gut auf die Reihe kriegen. Die Amerikaner gebrauchen dafür gern *get ducks in a row.* In den Medien ist diese Redewendung zum ersten Mal Anfang der 1930er-Jahre aufgetaucht.

Für ihre Herkunft gibt es mehrere Theorien. Es liegt natürlich nahe, an Enten zu denken, die ihren Nachwuchs dazu anhalten, in einer Linie hinter ihnen her zu schwimmen bzw. zu gehen, um einen besseren Überblick zu behalten. Gegen diese Erklärung spricht aber, dass kleine Enten nicht als *ducks,* sondern als *ducklings* bezeichnet werden. Allerdings könnte die Redewendung daher kommen, dass Enten in Formation fliegen.

Andere Theorien beziehen sich auf Rummelplatzspiele, wo eine Reihe entenförmiger Schießscheiben von einem Transportband bewegt an den Schützen vorüberziehen, oder wo Gummienten, auf deren Unterseite ein Gewinn verzeichnet ist, in einem Becken aufgereiht sind. Die beliebteste Theorie besagt jedoch, dass diese Redewendung aus dem Bowling stammt. Die Kegel waren früher kürzer und dicker und wurden *ducks* genannt. Da sie systematisch aufgestellt wurden, leitete sich daraus möglicherweise *get ducks in a row* ab.

Beispiele

"Before we can do anything we need to get our ducks in a row." (»Bevor wir etwas machen können, müssen wir uns besser in Stellung bringen.«)

The presidential campaign season is just around the corner, and candidates on both sides of the aisle are getting their ducks in a row to vie for the White House. (Der Präsidentschaftswahlkampf steht vor der Tür und Kandidaten auf beiden Seiten, die um den Einzug ins Weiße Haus konkurrieren wollen, bringen sich in Stellung.)

Good to know

Im amerikanischen Senat sitzen die Abgeordneten der *Republicans* vom Podium aus gesehen links und die der *Democrats* rechts von einem breiten Gang *(aisle)*. Im Repräsentantenhaus gibt es keine zugewiesenen Plätze, aber die Abgeordneten sitzen dort in gleicher Weise. Wenn von *both sides of the aisle* die Rede ist, dann wird etwas auf beiden Seiten unterstützt. Man spricht dann auch von *bipartisan support*.

Sollten Abgeordnete bei einer Abstimmung das andere politische Lager unterstützen, wird das als *crossing the aisle* bezeichnet.

Nützliche Vokabeln

just around the corner – um die Ecke (örtlich), bevorstehend (zeitlich)
bipartisan – von beiden Parteien getragen

75 COVER ALL BASES

alle Aspekte berücksichtigen, auf alle Eventualitäten vorbereitet sein
(wörtlich: alle Bases decken)

Auf den ersten Blick scheint diese Redewendung ebenfalls aus dem Baseball zu kommen, wo die verteidigende Mannschaft Spieler nahe bei allen *bases* positioniert. Im Gegensatz zu den anderen Redewendungen, die aus dieser Sportart kommen, ist *cover all bases* jedoch vor dem Zweiten Weltkrieg nicht nachzuweisen. Eine wahrscheinlichere Theorie besagt, dass sie einen militärischen Ursprung im Zweiten Weltkrieg oder danach hat. Dafür spricht, dass sich erste umgangssprachliche Beispiele in amerikanischen Zeitungen aus den 1950er-Jahren finden lassen.

BEISPIELE

"We just want to make sure we are covering all our bases and that if there are any other allegations, we have an opportunity to investigate those as well." (»Wir wollen lediglich auf Nummer sicher gehen, dass wir auf alle Eventualitäten vorbereitet sind und dass wir, falls es weitere Anschuldigungen gibt, die Möglichkeit haben, diese ebenfalls zu untersuchen.«)

Experts say many first-time homebuyers fail to cover all their bases before they start their search. (Nach Aussage von Experten, versäumen es viele Leute, die zum ersten Mal ein Haus kaufen, alle Aspekte zu berücksichtigen, bevor sie mit der Suche beginnen.)

GOOD TO KNOW

Rund 66 Prozent der US-Haushalte wohnen in der eigenen Immobilie, was in der Regel ein Einfamilienhaus ist. Wer zum ersten Mal einen Hauskauf in den USA angeht, sollte nicht auf die Hilfe eines Immobilienmaklers verzichten. Diese Leistung ist sogar kostenlos, denn der Makler des Käufers teilt sich die Provision mit dem Makler des Verkäufers. Die Provision (meistens sechs Prozent) wird vom Verkäufer gezahlt.

Nützliche Vokabeln

real estate agent – Immobilienmakler
buyer's agent – Makler des Käufers
seller's agent – Makler des Verkäufers
commission – Provision

76 CIRCLE THE WAGONS

die Reihen schließen
(wörtlich: die Wagen im Kreis aufstellen)

Wer gern Karl-May-Filme oder Western schaut, wird sich denken können, woher diese Redewendung kommt: Die Siedler, die sich im Wilden Westen niederlassen wollten, durchquerten oft in langen Wagenkolonnen unwirtliches Gebiet. In der Nacht oder auch am Tag, wenn sie von Indianern oder Gangstern angegriffen wurden, stellten sie ihre Wagen zur besseren Verteidigung im Kreis auf. Allerdings passierte das weitaus seltener, als uns die Filme weismachen wollen. Der Hauptgrund, warum die Siedler ihre Wagen im Kreis aufstellten, bestand in der Notwendigkeit, die mitgeführten Rinder einzupferchen und grasen zu lassen. Der Redewendung *circle the wagons* bedient man sich heutzutage besonders im Geschäftsleben, in der Politik und im Sport, wenn es gilt, »die Reihen zu schließen« und sich gegen einen gemeinsamen Kontrahenten zu verteidigen.

Beispiele

US oil companies circled the wagons when the EPA proposed new rules for offshore oil drilling. (US-Erdölförderer schlossen die

Reihen, als die Umweltbehörde EPA neue Regeln für das Bohren nach Öl im Meer vorschlug.)

Ahead of the Senate report, the CIA and GOP circled the wagons to defend torture during the Bush-era. (In Erwartung des Senatberichts schlossen CIA und Republikaner die Reihen, um die Folterungen während der Ära Bush zu verteidigen.)

Good to know

Die konservative *Republican Party* wird auch *GOP (Grand Old Party)* genannt. Sie war 1854 von Gegnern der Sklaverei gegründet worden.

Das Wort *old* ist jedoch irreführend, denn die *Democratic Party*, die andere der zwei großen Parteien in den USA, wurde bereits 1828 gegründet.

Nützliche Vokabeln

two-party system – Zweiparteiensystem
third parties – kleine Parteien

77 KNOW THE ROPES

sich mit etwas auskennen
(wörtlich: die Seile kennen)

Segelschiffe hatten jede Menge Seile, und die Seemänner mussten die Funktionen der einzelnen Seile genau kennen. *Know the ropes* wird heute besonders im Berufsleben gebraucht.

Verwandte Formen sind *show the ropes* und *teach the ropes* (jemandem zeigen, wie alles funktioniert) sowie *learn the ropes* (lernen, wie alles funktioniert).

Beispiele

"You have been here for six months, and you still don't know the ropes!" (»Du bist jetzt seit sechs Monaten hier und du weißt immer noch nicht, wie alles funktioniert!«)

"Mike, can you show the new employee the ropes?" (»Mike, kannst du dem neuen Mitarbeiter zeigen, wie alles läuft?«)

"I really enjoy my job, but I'm still learning the ropes." (»Ich mag meine Arbeit, aber ich lerne noch, wie alles funktioniert.«)

Good to know

Wer in den USA gut verdienen will, absolviert ein Hochschulstudium oder besucht zumindest Lehrgänge an Bildungseinrichtungen, die sich auf die Ausbildung bestimmter Berufsgruppen spezialisiert haben. In beiden Fällen muss man für die Ausbildung tief in die Tasche greifen. Ansonsten bleibt in der Regel nur die Aufnahme einer schlecht bezahlten Arbeit bei der lediglich ein kurzzeitiges *job training* stattfindet, etwa im Handel oder in der Gastronomie. Hier lernt man innerhalb von einigen Tagen, wie die Arbeit zu verrichten ist. Eine bezahlte Berufsausbildung wie in Deutschland gibt es nicht, von einigen Unternehmen, die in eigener Regie eine *apprenticeship* anbieten, einmal abgesehen.

Nützliche Vokabeln

job training – Einarbeitung
apprenticeship – Lehre

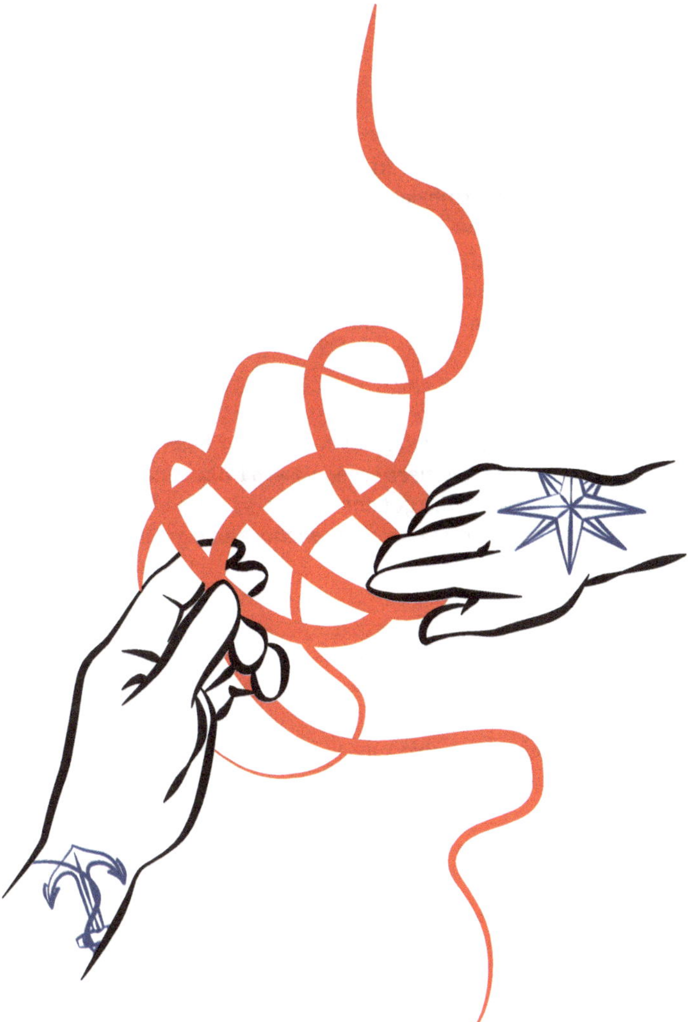

78 BURN THE MIDNIGHT OIL

bis spät in die Nacht hinein arbeiten
(wörtlich: das Mitternachtsöl verbrennen)

Burn the midnight oil stammt, das leuchtet sofort ein, aus der Zeit vor der Elektrifizierung, als Öllampen zur Lichterzeugung dienten. Auch wenn wir heutzutage einfach den Lichtschalter betätigen, wird diese Redewendung immer noch herangezogen, wenn ein Abgabetermin unbedingt eingehalten und deshalb auch während der Nacht gearbeitet werden muss.

Beispiel

Employees who burn the midnight oil may blame their weight gain on a restricted sleep schedule. In a University of Pennsylvania study, adults who got only four hours of sleep for five nights in a row gained more weight than those who got eight hours. (Angestellte, die bis spät in die Nacht arbeiten, dürfen ihrem eingeschränkten Schlaf die Schuld am Zunehmen geben. Einer Studie der University of Pennsylvania zufolge, haben Erwachsene, die fünf Tage nacheinander jeweils nur vier Stunden schliefen, mehr zugenommen als jene, die acht Stunden Schlaf hatten.)

She was burning the midnight oil to prepare for the exam. (Sie hat bis in die Nacht hinein gelernt, um sich auf die Prüfung vorzubereiten.)

Good to know

Wer seine amerikanischen Freunde mit seinem Wortschatz beeindrucken möchte: Das Verb *elucubrate* drückt eine Tätigkeit bei Kerzenschein aus. Zum Beispiel: *During the power outage we had to elucubrate.* (Während des Stromausfalls mussten wir bei Kerzenschein arbeiten.) Witterungsbedingte Stromausfälle sind in den USA außerhalb von Großstädten keine Seltenheit, da die Kabel in der Regel an Masten hängen und so Wind und Wetter ausgesetzt sind.

Nützliche Vokabeln

blame – die Schuld geben
pull an all-nighter – die ganze Nacht durcharbeiten
candle light – Kerzenschein

79 TAKE A CRACK AT SOMETHING

etwas versuchen
(wörtlich: einen Knack nehmen)

Diese Redensart, die ebenfalls aus dem Baseball kommt, bezieht sich auf einen hölzernern Schläger, der ein Knackgeräusch macht, wenn er den Ball trifft. Oft sagen die Amerikaner auch *take a swing at* und verwenden somit im übertragenen Sinne das Bild eines Baseballspielers, der schwungvoll zum Schlag ausholt.

Beide Redewendungen drücken aus, dass jemand versuchen wird, etwas zu meistern oder ein Problem zu lösen, jedoch wie beim Baseballschlag ohne Erfolgsgarantie. Wenn zum Beispiel eine Firma eine neue Software bekommen hat und niemand mit dieser vertraut ist, könnte eine Mitarbeiterin sagen: *"I'll take a crack at it."* Sie wird sich also als Erste an die Software wagen, jedoch ohne zu versprechen, dabei erfolgreich zu sein.

Beispiele

"Steve, can you take a crack at this and let me know how it goes?" (»Steve, kannst du es einmal damit versuchen und mich dann wissen lassen, wie es läuft?«)

"I've never learned a foreign language, but this fall I'll take a crack at German." (»Ich habe noch nie eine Fremdsprache gelernt, aber im Herbst werde ich es mit Deutsch versuchen.«)

The addiction experts at Project Know decided to take a swing at cataloguing the rise and fall of different drugs in American high schools. (Die Suchtexperten von *Project Know* haben beschlossen, sich an der Katalogisierung des Auf und Ab verschiedener Drogen an amerikanischen High Schools zu versuchen.)

Good to know

Eine ähnlich klingende Redewendung ist *not all it's cracked up to be* (wörtlich: nicht so, wie es angepriesen wird), mit der man ausdrücken kann, dass etwas nicht so gut ist, wie allgemein angenommen wird. Diese Redewendung aus dem frühen 19. Jahrhundert verwendet *crack up* in der Bedeutung »loben«, was ansonsten heutzutage nicht mehr üblich ist. Ein Beispiel: *Bloomberg reports that Tesla's new battery may not be all it's cracked up to be.* (Bloomberg berichtet, dass die neue Batterie von *Tesla* nicht so gut ist wie erwartet wurde.)

Nützliche Vokabeln

swing – schwungvoller Schlag (z. B. beim Baseball)
addiction – Sucht

80 WHEN PUSH COMES TO SHOVE

wenn es ernst wird, wenn es hart auf hart kommt
(wörtlich: wenn es vom Schubs zum Stoß kommt)

Die Wörter *push* und *shove* können beide mit »Schubs« übersetzt werden, wobei ein *shove* intensiver und abrupter als ein gleichmäßiger *push* ist und damit die Übersetzung »Stoß« angemessener ist. Mit *when push comes to shove* wird gesagt, dass ein Konflikt an Intensität gewonnen hat, Worte nicht mehr ausreichen und eine Lösung durch Taten ausgefochten werden muss.

Sprachwissenschaftler haben bisher keine einleuchtende Erklärung für die Herkunft dieser Redewendung gefunden. Fest steht nur, dass sie sich seit dem Ende des 19. Jahrhunderts in amerikanischen Zeitungen nachweisen lässt. Vermutlich beruht sie einfach auf der Zwillingsformel *push and shove.* Zwillingsformeln sind Paare von gleichbedeutenden Worten, die oft zusammen und immer in der gleichen Reihenfolge verwendet werden, z.B. im Deutschen »Hab und Gut«.

Beispiele

"I think when push comes to shove, this Legislature is willing to solve problems," said Gov. Peter Shumlin. (»Ich denke, wenn es hart auf hart kommt, ist diese Legislative willens, Probleme zu lösen«, sagte Gouverneur Peter Shumlin.)

Police often receive calls during the summer for animals and children left in vehicles, but rarely do they take the step of breaking windows. "It is a very extreme last resort," Lansing police chief John Brown said. "When push comes to shove, we're going to have to do what we have to do to save a life." (Im Sommer bekommt die Polizei oft Anrufe, weil Tiere und Kinder in Fahrzeugen zurückgelassen wurden. Aber nur selten geht sie so weit, die Fenster einzuschlagen. »Das ist der allerletzte Ausweg«, sagte der Polizeipräsident von Lansing, John Brown. »Wenn es ernst wird, machen wir, was gemacht werden muss, um Leben zu retten.«)

Good to know

Das Wort *police* wird im Plural verwendet, d. h. immer mit Verben in der dritten Person Plural: *The police are investigating the shooting.* (Die Polizei untersucht die Schießerei.)

Wenn *police* jedoch ein anderes Wort im Singular näher bestimmt, z. B. *police officer,* wird das Verb in der dritten Person Singular gebraucht: *The police officer was very nice.* (Der Polizist war sehr nett.)

Nützliche Vokabeln

police officer – Polizist
police department – Polizeidirektion

81 MEET A DEADLINE

einen Abgabetermin bzw. eine Frist einhalten
(wörtlich: eine Todeslinie treffen)

Das Wort *deadline* hat seinen Ursprung im amerikanischen Bürgerkrieg, wo es einen Todesstreifen bezeichnete, der um ein Kriegsgefangenenlager herum führte. Wer diesen betrat, wurde erschossen. Das Druckwesen griff das Wort auf, um eine Linie, die beim Setzen der Buchstaben nicht überschritten werden durfte, zu benennen. Seit den 1920er-Jahren wurde *meet a deadline* dann auch zuerst im Zeitungswesen im Sinne einer zeitlichen Begrenzung verwendet.

Beispiele

Students in Albuquerque have until February 20th to provide proof of immunization or an exemption on medical or religious grounds if they want to remain in the public schools. Students who don't meet this deadline won't be allowed to return to school until proof is provided. (Schüler in Albuquerque müssen bis zum 20. Februar einen Impfnachweis beziehungsweise eine Befreiung aus medizinischen oder religiösen Gründen vorlegen, wenn sie weiterhin die öffentlichen Schulen besuchen wollen. Schüler, die diese Frist nicht einhalten, dürfen nicht zurück in die Schule kommen, bis der Nachweis erbracht wurde.)

Wednesday is the last day to file income taxes without penalty, and many people are scrambling to meet the midnight deadline. (Mittwoch ist der letzte Tag, an dem die Steuererklärung ohne Strafgebühr eingereicht werden kann, und viele Leute bemühen sich in aller Eile, den Abgabetermin um Mitternacht einzuhalten.)

Good to know

In den USA zahlt man Einkommensteuer an die Bundesregierung und in den meisten Staaten ebenfalls eine, allerdings wesentlich geringere, Einkommensteuer. Einige Städte, wie z. B. New York City, erheben zusätzlich eine eigene, relativ niedrige Einkommensteuer. Die Steuererklärungen für das jeweils vergangene Jahr müssen bis zum 15. April eingereicht werden.

Nützliche Vokabeln

federal income tax – an die Bundesregierung zu zahlende Einkommensteuer
state income tax – an den Bundesstaat zu zahlende Einkommensteuer

82 FACE THE MUSIC

für ein Vergehen gerade stehen
(wörtlich: sich der Musik zuwenden)

Diese Redewendung entstand wahrscheinlich Mitte des 19. Jahrhunderts, als amerikanische Soldaten, die wegen eines Vergehens aus der Armee entlassen wurden, unter Trommelwirbel vor ihren Kameraden entlangmarschieren mussten. Heute bedeutet sie entweder, dass jemand für einen Fehler bzw. ein Vergehen geradestehen oder dass man der Realität ins Auge sehen muss.

In diesem Zusammenhang: »Jemandem die Leviten lesen« nennen die Engländer und Amerikaner *read someone the riot act*. Das *Riot Act* war ein englisches Gesetz *(act)* aus dem Jahr 1715, das eine Unruhe *(riot)* im Keim ersticken sollte und das Menschenansammlungen vorgelesen wurde, um diese zur Auflösung zu bewegen.

Beispiele

"I know, it's my fault. It's time to face the music." (»Ich weiß, dass ich Schuld habe. Es ist an der Zeit, dafür gerade zu stehen.«)

Those who didn't buy health insurance will now have to face the music. The fine is 2 percent of their income or $325, whichever is greater. (All jene, die keine Krankenversicherung erworben haben, müssen jetzt die Konsequenzen tragen. Die Geldstrafe beträgt entweder zwei Prozent ihres Einkommens oder 325 Dollar, je nachdem, welcher Betrag größer ist.)

Good to know

Seit Januar 2014 verpflichtet das Gesundheitsgesetz *Patient Protection and Affordable Care Act (PPACA)*, das oft *Affordable Care Act (ACA)* bzw. *Obamacare* genannt wird, zum Abschließen einer Krankenversicherung. Wer beim Abgeben der Steuererklärung keinen Versicherungsnachweis erbringen kann, muss eine Geldstrafe zahlen.

Nützliche Vokabeln

proof of insurance – Versicherungsnachweis
fine – Geldstrafe

83 STEP UP TO THE PLATE

eine Herausforderung annehmen
(wörtlich: an die Platte herantreten)

Der Ursprung dieser Redewendung liegt im Baseball: Der *batter* (der Spieler mit dem Schläger) muss an die *home plate*, eine in den Erdboden eingelassene fünfeckige weiße Gummiplatte, herantreten *(step up to the plate)* und versuchen, den Ball, den der *pitcher* (der Spieler auf dem kleinen Hügel) in

Richtung *catcher* (der hockende Spieler mit Schutzkleidung) wirft, zu schlagen.

Beispiele

John's supervisor is waiting for him to finish the project. He must step up to the plate and get this done. (Johns Vorgesetzter wartet darauf, dass er das Projekt zu Ende bringt. Er muss die Herausforderung annehmen und diese Sache erledigen.)

Climate change is the biggest challenge of the 21st century. Some smaller countries have remarkably stepped up to the plate. (Der Klimawandel ist die größte Herausforderung des 21. Jahrhunderts. Einige kleinere Länder haben sie in bemerkenswerter Weise angenommen.)

Good to know

Batter bedeutet nicht nur Baseball-Schlagmann, sondern auch Teig. Aber nur Teig, der durch ein Verhältnis von 1:1 oder 2:1 der festen und flüssigen Zutaten relativ flüssig ist.

Wenn das Verhältnis 3:1 oder 4:1 beträgt und der Teig daher wesentlich dicker ist, spricht man von *dough*. Für Torten und zum Panieren wird also *batter* verwendet, für Brot, Brötchen und Kekse *dough*.

Nützliche Vokabeln

supervisor – Vorgesetzter
to get something done – etwas erledigen
climate change – Klimawandel
remarkably – wirklich bemerkenswert
(bread) roll – Brötchen

84 GET WITH THE PROGRAM

die Zeichen der Zeit erkennen, aufwachen, mitmachen
(wörtlich: mit dem Programm gehen)

Die Mitglieder der Anonymen Alkoholiker (*Alcoholics Anonymous,* kurz *AA*) orientieren sich an einem Zwölf-Schritte-Programm. Wenn jemand Schwäche zeigt, wird ihm *"Get with the program!"* gesagt. Auch im amerikanischen Militär scheint diese Redewendung populär gewesen zu sein, bevor sie, beginnend in den 1970er-Jahren, Einzug in die Umgangssprache fand und jetzt u.a. in der Politik und im Geschäftsleben verwendet wird.

BEISPIELE

Congresswoman Corrine Brown said that with so many old roadways and bridges, Jacksonville's current situation is unacceptable. "Our competition is not Georgia and Alabama. Our competition is the Chinese, the Japanese, and they understand the importance of moving people, goods and services, and we need to get with the program," Brown said. (Die Kongress-Abgeordnete Corrine Brown sagte, dass die Situation in Jacksonville wegen der vielen alten Straßen und Brücken inakzeptabel ist. »Unsere Konkurrenz ist nicht Georgia und Alabama. Unsere Konkurrenz sind die Chinesen und die Japaner, und die begreifen, wie wichtig es ist, Leute, Güter und Dienstleistungen zu transportieren, und wir müssen die Zeichen der Zeit erkennen.«)

"Get with the program! We need to have this project finished by Friday." (»Wach auf! Wir müssen dieses Projekt bis Freitag fertig haben.«)

FETTNÄPFCHENGEFAHR

Zu einem Vorgesetzten sollte man auf keinen Fall *"Get with the program!"* sagen; diese Aufforderung kann man nur jemanden an den Kopf werfen, der in der Hierarchie klar unter einem steht.

Good to know

Die Hierarchie ist in amerikanischen Unternehmen nicht immer gleich zu erkennen und manchmal dauert es Tage oder Wochen, bis man diese an einem neuen Arbeitsplatz durchschaut hat. Da es in den USA außerhalb des akademischen Bereiches so gut wie keinen Kündigungsschutz gibt und man jederzeit und ohne Angabe von Gründen entlassen werden kann, ist es ratsam, trotz des oft recht formlosen Umgangs miteinander auf die Hierarchie zu achten.

Nützliche Vokabeln

have tenure – unkündbar angestellt sein
termination – Kündigung durch den Arbeitgeber

85 Keep one's eye on the ball

das Ziel im Auge behalten
(wörtlich: den Ball im Auge behalten)

Die Herkunft aus einer Ballsportart liegt nahe, aber genauso gut könnte diese Redewendung daher kommen, dass ab 1829 viele Häfen mit einem an einem Mast hängenden Zeitball *(time ball)* ausgestattet wurden, der zu einer bestimmten Zeit heruntergelassen wurde. Dies ermöglichte den Seeleuten, die Schiffschronometer genau einzustellen. Aus diesem Grund behielten sie zur festgelegten Stunde den Ball im Auge. Heute bezieht sich *keep your eye on the ball* auf Ziele aller Art und wird auch mit den Wörtern *take* und *off* verwendet: *Don't take your eye off the ball!* (Verliere das Ziel nicht aus den Augen!)

Beispiele

"Stay calm, and keep your eye on the ball." (»Bleib ruhig und behalte das Ziel im Auge.«)

Our government took their eye off the ball – they did not plan for the obvious long-term consequences. (Unsere Regierung verlor das Ziel aus den Augen und hat die offensichtlichen Langzeitfolgen nicht eingeplant.)

"We took our eye off the ball, making too many changes at once," said the company's founder and CEO. (»Wir haben unser Ziel aus den Augen verloren und zu viele Änderungen auf einmal vorgenommen«, sagte der Firmengründer und *CEO*.)

Good to know

Der *Times Square Ball*, der zu Silvester mit einem Countdown live im Fernsehen an einer 43 Meter hohen Stange auf dem Dach des Wolkenkratzers *One Times Square* in New York heruntergelassen wird, beruht auf dem Konzept der Zeitbälle in den Häfen.

Der *ball drop*, der seit 1907 stattfindet, beginnt 60 Sekunden vor dem Jahreswechsel. Die Idee stammte vom Elektriker der Tageszeitung *The New York Times*, Walter F. Painer, und wurde von Adolph Ochs, dem Besitzer der Zeitung, dessen Eltern aus Bayern eingewandert waren, umgesetzt.

Nützliche Vokabeln

Chief Executive Officer (CEO) – Geschäftsführer
drop – Fall, Tropfen

86 HIT THE GROUND RUNNING

sofort volle Leistung bringen
(wörtlich: im Laufen auf dem Boden aufkommen)

Eine treffende deutsche Übersetzung dieser Redewendung ist »einen fliegenden Start hinlegen«. Im wörtlichen Sinne wurde sie bereits Ende des 19. Jahrhunderts in Amerika gebraucht, wenn es um Landstreicher ging, die von fahrenden Zügen absprangen. Als Redewendung im übertragenen Sinne lässt sie sich ab Mitte des 20. Jahrhunderts finden, besonders im Geschäftsleben, wo es oft von Vorteil ist, wenn jemand ohne Einarbeitungszeit sofort volle Leistung bringen kann.

Beispiele

With just a little preparation, you can hit the ground running. (Mit ein wenig Vorbereitung, kann man sofort volle Leistung bringen.)

"I see the lieutenant governor's role as kind of an understudy," Miller said. "I should be able to hit the ground running and lead the state." (»Ich sehe die Rolle des Vizegouverneurs als vergleichbar mit der eines einsatzbereiten Ersatzdarstellers im Theater«, sagte Miller. »Ich sollte daher in der Lage sein, sofort volle Leistung zu bringen und den Staat zu führen.«)

"We need to hire someone who can hit the ground running." (»Wir müssen jemanden einstellen, der sofort volle Leistung bringen kann.«)

Good to know

Eine Bemerkung wie *"I can hit the ground running"* kann in einem Bewerbungsgespräch Wunder wirken, insbesondere wenn in der Ausschreibung das Wort *self-starter* gebraucht wurde.

Amerikanische Arbeitgeber neigen dazu, Einarbeitungszeiten so kurz wie möglich zu halten. Umso besser, wenn sie sich gar vermeiden lassen. Wer besonders überzeugend wirken möchte, sollte entsprechende Beispiele aus seinem bisherigen Arbeitsleben parat haben.

Nützliche Vokabeln

lieutenant governor – Vizegouverneur in US-Bundesstaaten
understudy – Ersatzdarsteller, der im Krankheitsfall einspringen kann
self-starter – Person mit Eigeninitiative, die sofort loslegt

87 BACK TO THE DRAWING BOARD

noch einmal von vorn anfangen
(wörtlich: zurück ans Reißbrett)

Diese Redewendung erblickte 1941 als Bildunterschrift einer Karikatur in der Zeitschrift *The New Yorker* das Licht der Welt. In der Zeichnung sieht man im Hintergrund ein Flugzeug auf einem Feld aufschlagen, während im Vordergrund Militärpersonal zu sehen ist, das in Richtung Absturzstelle zu laufen beginnt. Ein Ingenieur in Zivil, der eine Rolle mit technischen Zeichnungen unter dem Arm hält, schreitet auf den Betrachter zu und sagt: *"Well, back to the old drawing board."* (»Nun gut, zurück ans gute alte Reißbrett.«)

Beispiele

A company spokesperson explained that half of the development team had come to the realization that the design was a failure eight months into its development. After another 10 months, 80 % of the team was convinced the design was flawed. It looks like it's back to the drawing board for the project. (Ein Firmensprecher erklärte, die Hälfte des Entwicklerteams kam innerhalb von acht Monaten zu der Einsicht, dass das Design ein Fehlschlag war.

Nach weiteren zehn Monaten waren 80 Prozent des Teams überzeugt, dass das Design mangelhaft war. Es sieht so aus, dass das Projekt noch einmal von vorn angefangen werden muss.)

After receiving feedback from seasoned vendors in the market, they decided to go back to the drawing board. (Nachdem sie Rückmeldungen von erfahrenen Händlern erhalten hatten, beschlossen sie, noch einmal von vorn anzufangen.)

Good to know

Eine andere Redewendung, die ebenfalls »noch einmal von vorn anfangen« bedeutet, ist *back to square one* (wörtlich: zurück zu Feld Eins). Es wird angenommen, dass sie von Brettspielen herrührt, bei denen man an den Start zurückgeschickt wird, und seit den 1950er-Jahren auch im übertragenen Sinne gebraucht wird.

Nützliche Vokabeln

caption – Bildunterschrift
asset – vorteilhafte Eigenschaft, Stärke
self-employed – beruflich selbständig

88 When the rubber meets the road

wenn die Stunde der Wahrheit schlägt
(wörtlich: wenn das Gummi auf die Straße trifft)

Diese Redewendung, die ausdrückt, dass die Zeit des Redens und der Theorie vorbei und die Stunde der Wahrheit gekommen ist, kann man auch mit *where* statt *when* und *hits* statt *meets* hören. Sie bezieht sich im wörtlichen Sinne auf Fahrzeugreifen, die auf den Straßenbelag treffen, und wurde seit Mitte der 1950er-Jahre benutzt. Die Reifenfirma *Firestone* verwendete in den 1960er- und 1970er-Jahren den Slogan *"Where the rubber meets the road"* und machte damit diese Variante der Redewendung populär.

Beispiele

Friday is when the rubber meets the road. This game is going to be a litmus test. (Am Freitag schlägt die Stunde der Wahrheit. Dieses Spiel wird zur Nagelprobe.)

"Nobody thinks this is a bad idea," he said. "But when it comes down to how to pay for it, that's when the rubber meets the road." (»Niemand denkt, dass das eine schlechte Idee ist«, sagte er. »Aber die Stunde der Wahrheit schlägt, wenn es darum geht, wie das bezahlt werden soll.«)

"All these things are painful. It's not enjoyable to have to make these decisions, but there are times in life where the rubber hits the road and things need to get done," the city manager said. (»Alle diese Dinge sind schmerzhaft. Es macht keinen Spaß, diese Entscheidungen treffen zu müssen, aber es gibt Momente im Leben, da schlägt die Stunde der Wahrheit, und Angelegenheiten müssen erledigt werden«, sagte der Leiter der Stadtverwaltung.)

Good to know

Fast alle Städte in den USA haben einen gewählten Bürgermeister *(mayor)* und einen Stadtrat *(city council)* sowie einen ernannten *city manager*, der die täglichen Geschäfte der Stadtverwaltung führt. Dieses Amt wurde Anfang des 20. Jahrhunderts eingeführt, um die praktische Seite der Stadtverwaltung einer politisch neutralen Person mit Sachverstand zu übertragen. Rund 60 Prozent der *city managers* haben ein Studium im Bereich der Verwaltungswissenschaften absolviert und mit einem *Master of Public Administration (MPA)* abgeschlossen.

Nützliche Vokabeln

litmus test – Lackmustest (Chemie), Nagelprobe (umgangssprachlich)
public administration – Öffentliche Verwaltung

89 ROLL WITH THE PUNCHES

die Dinge nehmen, wie sie kommen
(wörtlich: mit den Schlägen rollen)

Im Boxen kann man nicht allen Schlägen *(punches)* komplett ausweichen, sondern muss auch Schläge hinnehmen und mit ihnen bestmöglich umgehen können, z. B. durch bestimmte Bewegungen die Wucht des gegnerischen Schlages verringern. Und so ist es auch im Leben. Wer in schwierigen Situationen beweglich bleibt, kann sie in der Regel viel besser bewältigen.

BEISPIELE

Life's not fair, and you've got to be able to roll with the punches. (Das Leben ist nicht fair, und du musst in der Lage sein, die Dinge zu nehmen, wie sie kommen.)

With every blizzard, snow plow drivers have tried to roll with the punches. (Bei jedem Schneesturm haben die Schneepflugfahrer versucht, die Herausforderungen zu meistern, wie sie kamen.)

It sucks, but that's life; you roll with the punches. (Es ist unangenehm, aber so ist das Leben; man nimmt die Dinge, wie sie kommen.)

GOOD TO KNOW

Das englische Wort *suck* bedeutet wörtlich »saugen«, aber natürlich sollte man *it sucks* nicht mit »es saugt« übersetzen. Je nach dem Zusammenhang, kann es bedeuten, dass etwas unangenehm ist *(my job sucks)*, eine schlechte Qualität aufweist *(this movie sucks)* oder dass man auf einem Gebiet nicht sehr gut ist *("I suck at accounting")*. Das Verb *suck* lässt slch in den ersten beiden Beispielen auch durch *blows* (wörtlich: bläst) ersetzen *(my job blows, this movie blows)* ohne dass sich die Bedeutung ändert.

Nützliche Vokabeln

snow plow – Schneepflug
blizzard – heftiger Schneesturm
accounting – Buchhaltung

PUTTING IT ALL TOGETHER

★ TEIL I: ERGÄNZEN SIE DIE PASSENDEN WÖRTER!

1. You really need to get your _______ in a row.

(cards / dogs / ducks / plans / plants)

2. I screwed up. It's time for me to face the _______.

(boss / band / window / door / music)

3. He had to _______ the bullet and buy a new air conditioner.

(hide / light / bite / write / ride)

4. This needs to be done by tomorrow morning. Let's _______ the midnight oil!

(find / drill / sell / burn / turn)

5. Their new product is a complete flop. They need to go _______ to the drawing board.

(ahead / back / again / quick / always)

6. We _______ all our bases, but it didn't work.

(circled / covered / touched / loaded / crossed)

★ **Teil II: Setzen Sie die passenden Wörter ein!**

1. I'm new here and I'm still learning the _______, but I can take a _______ at it.

(ways / ropes / crack / bat / wing / plates / program / road / ground / punches)

2. We have two more days to meet the _______, so keep the _______ rolling, please.

(boss / wagons / curve / ball / rope / punches / deadline / pie / line / pole)

3. Sometimes, when _______ comes to shove, you just have to _______ it.

(spring/ rush / fling / push / sing / slush / ring / bush / wing / tush)

4. This new law threatens our entire industry. We need to circle the _______ and draw a line in the _______.

(park / loop / air / ice / curve / envelope / sand / ducks / wagons / grain)

5. So far, your work has been mediocre. You really need to step up to the _______ and get with the _______.

(ballpark / rope / chase / choir / program / base / plate / flagpole / drawing board)

6. Tomorrow, the rubber will _______ the road and we'll need to _______ the ground running.

(break / touch / raise / hit / push / meet / circle / get / run / jump)

7. I know, it's difficult, but you need to keep your _______ on the ball and roll with the _______.

(finger / hand / wagons / curve / horses / punches / eye / ropes / limb / two cents)

Die richtigen Lösungen finden Sie auf Seite 270.

VI
FINANZIELLES

90 FROM RAGS TO RICHES

vom Tellerwäscher zum Millionär
(wörtlich: von Lumpen zu Reichtümern)

Die Redewendung »vom Tellerwäscher zum Millionär« wird oft mit den USA in Verbindung gebracht, jedoch kennen die Amerikaner diese Redewendung so nicht. Bei ihnen heißt es *from rags to riches* (von Lumpen zu Reichtümern), ein Konzept, das tief in ihrer Seele verankert ist. Rund 80 Prozent der Amerikaner glauben an die Möglichkeit, durch harte Arbeit reich werden zu können. Laut einer Studie mit dem Titel *Understanding Mobility in America* des Ökonomen Tom Hertz aus dem Jahr 2006 liegen die Chancen, dass jemand, der aus armen Verhältnissen kommt, wohlhabend wird, allerdings nur bei einem Prozent. Die Ausnahmen bestätigen natürlich die Regel und nähren medienwirksam sowie volksberuhigend die Hoffnung.

Beispiele

'Cinderella' is most likely the ultimate rags to riches story. (Aschenputtel ist höchstwahrscheinlich die ultimative »Vom Tellerwäscher zum Millionär«-Geschichte.)

This really is a rags to riches story: A homeless man in Chicago has won $605,000 from the lottery. (Dies ist wirklich eine Geschichte wie vom Tellerwäscher zum Millionär: Ein obdachloser Mann in Chicago hat 605.000 Dollar im Lotto gewonnen.)

Good to know

Bei der Verwendung von Komma und Punkt in Zahlen gibt es diesen Unterschied: Wo im Deutschen ein Komma geschrieben wird, zum Beispiel 1,58 steht im Amerikanischen ein Punkt: 1.58 (gesprochen: *one point five eight*). Und wo im Deutschen ein Tausenderpunkt steht, zum Beispiel bei 10.000, wird ein Komma geschrieben: 10,000.

Nützliche Vokabeln

fairy tale – Märchen
Cinderella – Aschenputtel
homeless – obdachlos
homeless shelter – Obdachlosenheim

91 On a shoestring

mit wenig Geld
(wörtlich: an einem Schnürsenkel)

Wer sich einmal in einem amerikanischen Buchladen umschaut, wird Dutzende Bücher entdecken, die *on a shoestring* im Titel haben, z.B. *Gluten-Free on a Shoestring* oder *Europe on a Shoestring.* Das Wort *shoestring* steht hier als Kurzform für *shoestring budget,* ein Begriff, der sich bereits 1874 in der Rede eines Kongressabgeordneten finden lässt: *"During its first year in existence, the EAC has done a commendable job in carrying out its responsibilities while operating on a shoestring budget."* (»Im ersten Jahr ihrer Existenz hat die EAC lobenswerte Arbeit in der Ausführung ihrer Aufgaben geleistet, und sie tat dies mit einem kleinen Budget.«) Die genaue Herkunft des Begriffes ist nicht bekannt, aber es wird angenommen, dass sie entweder etwas mit dem niedrigen Preis von Schnürsenkeln oder mit deren schlanken Gestalt zu tun hat.

Beispiele

Some engineers say privately that they have been quietly benchmarking Mazda, fascinated by its uncanny ability to churn out high-quality vehicles on a shoestring budget. (Einige Ingenieure sagen unter vier Augen, dass sie Mazda insgeheim bewertet haben und von der unheimlichen Fähigkeit fasziniert sind, mit der das Unternehmen trotz eines niedrigen Budgets ausgesprochene Qualitätsfahrzeuge ausstößt.)

Shot on a shoestring budget in just 18 days, this delightful and touching film is packed with more genuine emotion than you'll likely find in any other movie over the next few months. (Gefilmt mit einem kleinen Budget und in nur 18 Tagen, ist dieser wunderbare und anrührende Film vollgepackt mit mehr echten Gefühlen als man wahrscheinlich in irgendeinem anderen Film in den nächsten Monaten finden wird.)

Good to know

Das Wort *budget* kann als Adjektiv verwendet werden, um auszudrücken, dass etwas preisgünstig ist, z. B. *budget travel* (preisgünstiges Reisen).

Nützliche Vokabeln

shoestrings, shoelaces – Schnürsenkel
budget conscious – preisbewusst

92 MAKE BANK

viel Geld verdienen
(wörtlich: Bank machen)

Wenn man salopp sagen will, dass jemand »Kasse macht« oder «abkassiert«, also in kurzer Zeit viel Geld verdient bzw. einnimmt, eignet sich die Redewendung *make bank* sehr gut. Sie kommt offensichtlich aus dem Bankwesen, wird umgangssprachlich aber erst seit einigen Jahren verwendet.

Beispiele

She makes bank as a corporate lawyer. (Sie verdient viel Geld als Firmenanwältin.)

Some hip hop stars say that major corporations made bank off slave labor. Now, they want them to pay it back. (Einige

Hip-Hop-Stars sagen, dass bedeutende Unternehmen durch Sklavenarbeit abkassiert haben. Jetzt wollen sie, dass diese das Geld zurückzahlen.)

He really made bank when he flipped this house! (Er hat wirklich abkassiert, als er dieses Haus weiterverkauft hat.)

Good to know

Flipping ist ein Begriff, der in den USA für das Kaufen und schnelle Weiterverkaufen von Immobilien und Autos durch Privatpersonen verwendet wird. Das entsprechende Objekt wird preiswert gekauft, mehr oder weniger repariert und verschönert, und für einen höheren Preis wieder verkauft. Manche Leute haben Illusionen, auf diese Weise schnell reich zu werden. In der Regel setzt das *flipping* aber ausreichend Zeit und handwerkliches Geschick voraus, da es sich meistens finanziell nur lohnt, wenn man viele der notwendigen Arbeiten selbst ausführen kann. Auch sollte man genügend Sachverstand haben, um die anfallenden Kosten vor dem Kauf richtig einschätzen zu können.

Nützliche Vokabeln

real estate – Immobilien
fixer upper – stark renovierungsbedürftiges Haus
money pit – Fass ohne Boden

93 BREAK THE BANK

das Budget sprengen, in den Ruin führen
(wörtlich: die Bank brechen)

Wenn jemand in einem Spielcasino mehr Geld gewinnt, als vorrätig ist, spricht man davon, dass er die Bank sprengt. In der Umgangssprache bedeutet *break the bank,* dass man mehr Geld ausgibt, als man zur Verfügung hat. Die Theorie, wonach diese Redewendung etwas mit einem zerschmetterten Sparschwein *(piggy bank)* zu tun hat, ist eher unwahrscheinlich.

Beispiele

"It will not break the bank if we fly to Europe once a year." (»Es wird uns nicht in den Ruin treiben, wenn wir einmal im Jahr nach Europa fliegen.«)

"We talked to a financial expert to get some ideas for meaningful gifts that won't break the bank." (»Wir haben mit einem Finanzexperten gesprochen, um Ideen für bedeutsame Geschenke zu bekommen, die das Budget nicht sprengen.«)

For college students today, buying textbooks often means breaking the bank. The average American college student spends $1,200 per year on books and supplies. (Heutzutage sprengt der Kauf von Lehrbüchern oft das Budget der College-Studenten. Der durchschnittliche amerikanische College-Student gibt im Jahr 1.200 Dollar für Bücher und Lehrmaterialien aus.)

Good to know

Woher kommt eigentlich das Sparschwein *(piggy bank)?* Obwohl es schon im 14. Jahrhundert Sparschweine in Indonesien gab, wurden sie in England noch einmal erfunden. Im Mittelalter bewahrten die meisten Leute dort ihr Geld in Gefäßen auf, die aus orangefarbenem Ton hergestellt waren. Das Material wurde *pygg* und der Geldtopf *pygg pot* genannt. Allerdings wurde *pygg* damals noch nicht wie *pig* ausgesprochen, sondern eher wie *pug.* Die Aussprache glich sich jedoch im Laufe der Jahrhunderte an, und als englische Töpfer im 19. Jahrhundert eine Bestellung für *pygg banks* erhielten, formten sie diese wie Schweine. Die Kunden waren begeistert.

Nützliche Vokabeln

checking account – Girokonto
savings account – Sparkonto

94 MAKE ENDS MEET

gerade genug Geld für den Lebensunterhalt haben
(wörtlich: die Enden zusammenführen)

Im Deutschen übersetzt man diese Redewendung gut mit »knapp über die Runden kommen«. Sie lässt sich bereits in dem Buch *The History of the Worthies of England* aus dem Jahr 1661 finden. Für ihr Entstehen gibt es mehrere Theorien, von denen zwei genannt sein sollen: 1. In der Buchhaltung gibt es zwei Spalten, eine für Ausgaben und eine für Einnahmen. Am Ende der Seite treffen die Ergebnisse aus beiden Spalten zusammen, und idealerweise ist der Gesamtbetrag der Einnahmen größer. 2. Für die Herstellung eines Kleidungsstücks, z.B. ein Mantel oder eine Jacke, sollte man so viel Stoff kaufen können, dass es um den gesamten Körper herumreicht und beide Enden zusammentreffen.

Beispiele

He's barely making ends meet as a substitute teacher. (Als Vertretungslehrer kommt er geradeso über die Runden.)

Despite already having a 24/7 job with no vacation days, many farmers must also take up another job to make ends meet. (Obwohl sie ihre Arbeit bereits rund um die Uhr beschäftigt und sie keine Ferien haben, müssen viele Bauern noch einen weiteren Job annehmen, um über die Runden zu kommen.)

Good to know

Mehr als zehn Prozent der US-Haushalte gehören zu den *working poor,* d. h. sie leben trotz Erwerbstätigkeit in Armut. Damit ist der Anteil mehr als doppelt so groß wie in Deutschland. Der Grund dafür sind u. a. deutlich niedrigere bzw. fehlende Unterstützungen bei verschiedenen Lebenshaltungskosten. Bei vorhandenen Sozialprogrammen, z. B. beim *Section 8* genannten Mietzuschussprogramm, gibt es nicht selten extrem lange Wartezeiten.

Nützliche Vokabeln

24/7 ("twenty-four-seven") – 24 Stunden am Tag, 7 Tage in der Woche
welfare – Sozialhilfe
food stamps – Lebensmittel-Gutscheine für Arme

95 COST AN ARM AND A LEG

ein Vermögen kosten
(wörtlich: ein Arm und ein Bein kosten)

Diese Redewendung entstand kurz nach dem Zweiten Weltkrieg in den USA, zu einer Zeit, als es viele ehemalige Soldaten gab, die ein Arm, ein Bein oder beides im Krieg verloren und damit einen hohen Preis gezahlt hatten.

Beispiele

Most of the activities on the island cost an arm and a leg, but you can play volleyball or use the kids' playground for free. (Die meisten Aktivitäten auf der Insel kosten ein Vermögen, aber man kann umsonst Volleyball spielen oder den Kinderspielplatz nutzen.)

Although the strong dollar may tempt you into traveling abroad, doing so can still cost an arm and a leg, especially if you have children. (Obwohl der starke Dollar dazu verlocken könnte, ins Ausland zu reisen, kann dies immer noch ein Vermögen kosten, insbesondere wenn man Kinder hat.)

Going to a top music festival doesn't mean you have to spend an arm and a leg on your tickets. (Der Besuch eines Musikfestivals

ersten Ranges bedeutet nicht unbedingt, dass man ein Vermögen für die Eintrittskarten zahlen muss.)

Good to know

Eine weitere Möglichkeit zu sagen, dass etwas ein Vermögen kostet, ist *pay through the nose* (wörtlich: durch die Nase zahlen), z. B. *Avid collectors happily pay through the nose for rare vinyl records.* (Eifrige Sammler zahlen bereitwillig ein Vermögen für seltene Vinyl-Schallplatten.)

Nützliche Vokabeln

fortune – Vermögen, Glück, Schicksal
vintage records – alte Schallplatten
for free – umsonst, kostenlos

96 GET A BIGGER BANG FOR YOUR BUCK

mehr für das Geld bekommen, sich besser auszahlen
(wörtlich: mehr Knall für den Dollar bekommen)

1953 sah sich die Regierung von US-Präsident Dwight D. Eisenhower mit einer schwierigen Aufgabe konfrontiert: Es galt, angesichts der empfundenen Bedrohung durch die Sowjetunion, die militärische Schlagkraft zu erhöhen, ohne mehr Geld für die Verteidigung ausgeben zu müssen.

Die Lösung wurde in einem Abbau der Truppenstärke und in einer Aufrüstung bei den Atomwaffen gefunden. Das amerikanische Militär bezeichnete dies als *bigger bang for your buck,* unter Verwendung der umgangssprachlichen Bezeichnung *buck* für Dollar und in Anlehnung an den *Pepsi*-Werbeslogan *More Bounce to the Ounce* (Mehr Schwung per Unze), den der Cola-Hersteller seit 1950 verwendet hatte.

Beispiele

The new law streamlines transportation governance, eliminates many wasteful practices, and sets in motion a process for ensuring that future transportation spending delivers the greatest bang for their buck. (Das neue Gesetz rationalisiert die Verwaltung des Verkehrswesens, unterbindet verschwenderische Praktiken und setzt einen Prozess in Bewegung, der sicherstellt, dass sich zukünftige Verkehrsausgaben besser auszahlen.)

Americans are getting more bang for their buck when traveling to Europe these days due to the dollar's 24 percent gain against the euro over the past year. (Amerikaner bekommen dieser Tage mehr für ihr Geld, wenn sie nach Europa reisen, da der Wert des Dollars im letzten Jahr um 24 Prozent gegenüber dem Euro gestiegen ist.)

Good to know

Das Wort *buck* ist nicht nur eine umgangssprachliche Bezeichnung für den Dollar; ein männliches Reh ist ebenfalls ein *buck*. Indianer haben schon Jahrzehnte, bevor es die USA und den Dollar gab, die Felle von Rehen gegen Waren eingetauscht.

Die weißen Händler benutzten dabei *buck* als Währungseinheit im Umgang mit den amerikanischen Ureinwohnern. Der Wert von Pelzen anderer Tiere wurde ebenfalls in *buck* umgerechnet. Nach der Einführung des Dollars blieb *buck* als Slang-Wort erhalten.

Nützliche Vokabeln

ounce – Unze (28,35 Gramm)
Native Americans – amerikanische Ureinwohner

97 ROB PETER TO PAY PAUL

sich selbst berauben
(wörtlich: Peter berauben, um Paul zu bezahlen)

Die Finanzhaushalte der amerikanischen Bundesregierung, der Staaten, Verwaltungsbezirke und Kommunen sind in der Regel knapp kalkuliert. Finanzreserven für unerwartete Ausgaben sind kaum vorhanden, sodass oft das Geld aus einem Bereich abgezogen werden muss, um dringende Ausgaben in einem anderen Bereich zu begleichen.

In der öffentlichen Diskussion wird in diesem Zusammenhang gerne die aus dem mittelalterlichen England stammende Redewendung *rob Peter to pay Paul* verwendet, die daher stammen könnte, dass die Steuermittel, die einer St. Peter Kirche zustanden, an eine St. Paul Kirche gegeben wurden.

Die Experten sind sich nicht einig, ob es sich dabei um Kirchen innerhalb einer Stadt handelte oder um St. Paul in London und St. Peter in Rom, d. h. dass die Zahlungen nach Rom vernachlässigt wurden, um die Steuern für die Kirche in London aufbringen zu können.

BEISPIELE

"For these unexpected repairs, we may have to rob Peter to pay Paul, which means we might have to delay some other projects we had scheduled," Road Commissioner Mike Kern said. (»Um diese unerwarteten Reparaturen zu bezahlen, müssen wir uns selbst berauben, was bedeutet, dass wir einige andere Projekte, die wir bereits geplant hatten, möglicherweise verschieben müssen«, sagte Straßenbaudirektor Mike Kern.)

Amy Schneider is doing the best she can to raise two kids and work forty hours a week but at her minimum wage job in Cleveland, she only takes home $225 a week after taxes. "There are times when you say, do I pay this bill or this bill? It is like robbing

Peter to pay Paul but you never get ahead." (Amy Schneider tut ihr Bestes, zwei Kinder aufzuziehen und 40 Stunden pro Woche zu arbeiten, aber da ihr Job in Cleveland nur Mindestlohn zahlt, verdient sie nach Abzug der Steuern lediglich 225 Dollar pro Woche. »Es gibt Zeiten, da sagst du dir, bezahle ich diese oder jene Rechnung? Es ist so, als wenn du dich selbst ausraubst, aber du kommst da nie raus.«)

Good to know

In den USA gibt es keine Kirchensteuer. Wer Mitglied einer Glaubensgemeinschaft ist, spendet direkt an diese und kann das zu versteuernde Einkommen um diesen Betrag verringern.

Nützliche Vokabeln

budget – Haushalt
full-time job – Vollzeitbeschäftigung

98 HAVE SKIN IN THE GAME

am Risiko beteiligt sein, etwas zu verlieren haben
(wörtlich: Haut im Spiel haben)

Wenn potenzielle Investoren die Beteiligung an einem Projekt und das damit verbundene Risiko erwägen, schauen sie sich genau an, wie viel *skin in the game* (wörtlich: Haut im Spiel) derjenige hat, der um Geld ersucht, d. h. wie viel er an eigenen Mitteln riskiert. Diese Redewendung, die Ende des 20. Jahrhunderts im Sprachgebrauch aufgetaucht und deren Herkunft nicht geklärt ist, wird auch in anderen Bereichen verwendet.

Skin muss nicht immer für Geld stehen, sondern kann auch eine andere Form von Investment darstellen, z. B. wenn für jemanden die Reputation auf dem Spiel steht oder wenn man viel Zeit und Energie in eine Sache einbringt.

Beispiele

Miller and his investors wanted the state to have some skin in the game, a $28 million loan guarantee. (Miller und seine Investoren wollten, dass sich der Staat am Risiko beteiligt, in Form einer Kreditbürgschaft von 28 Millionen Dollar.)

Researchers found that financial incentives greatly improved the success rate for quitting smoking. People who had their own skin in the game had the greatest odds of success. Among those who were willing to make a $150 deposit that they could earn back by remaining smoke-free, the quit rate at six months was 52 %. That was much better than the 17 % quit rate for those who didn't put up any of their own cash. (Wissenschaftler stellten fest, dass finanzielle Anreize die Erfolgsrate, mit dem Rauchen aufzuhören, wesentlich erhöhten. Leute, die etwas zu verlieren hatten, hatten die größten Erfolgschancen. Bei jenen, die bereit waren, 150 Dollar einzuzahlen, die sie sich zurück verdienen konnten, wenn sie rauchfrei blieben, lag die Quote des Aufhörens nach sechs Monaten bei 52 %. Das war viel besser als die Rate von 17 Prozent von jenen, die kein eigenes Geld investierten.)

Good to know

Eine beliebte Redensart ist auch *put your money where your mouth is* (wörtlich: Setze dein Geld ein, wo dein Mund ist), die man mit »Lass deinen Worten Taten folgen« übersetzen kann. So singt Katy Perry z. B. in *Waking Up In Vegas* im Refrain: *"Shut up and put your money where your mouth is!"*

Nützliche Vokabeln

chorus – Refrain
shut up – den Mund halten

99 NICKEL AND DIMED

übervorteilt
(wörtlich: 5 Cents und 10 Cents)

Die Redewendung *nickel and dimed to death* wird heutzutage in der Regel nur noch in ihrer Kurzform *nickel and dimed* verwendet und besagt, dass jemand durch viele kleine Extrakosten, die sich gehörig summiert haben, übervorteilt wurde. Sie wird auch in der Gegenwartsform *nickel and dime* verwendet und zum Zwecke der besseren Lesbarkeit oft mit Bindestrichen zwischen den Wörtern geschrieben. *Nickel* und *dime* sind bekanntlich die umgangssprachlichen Bezeichnungen für die amerikanischen Münzen im Wert von fünf und zehn Cent. In den 1880er-Jahren kamen sogenannte *nickel-and-dime stores* auf – das waren Geschäfte wie *Woolworth,* in denen alles entweder fünf oder zehn Cent kostete, und die den heutigen *dollar stores* wie *Dollar Tree* und *Family Dollar* entsprechen.

Beispiele

"We don't nickel-and-dime our customers like some airlines that charge extra for every little thing." (»Wir übervorteilen unsere Kunden nicht wie andere Fluggesellschaften, die für jede kleine Sache eine Extragebühr berechnen.«)

There is some genuine hope about the future of the gaming industry, no matter how much some companies will always be trying to nickel-and-dime gamers. (Es gibt einige ernstgemeinte Hoffnungen, was die Zukunft der Spielindustrie betrifft, ganz gleich wie sehr einige Unternehmen immer versuchen werden, Spieler zu übervorteilen.)

Good to know

Der *dime* ist mit 2,268 Gramm Gewicht, einem Durchmesser von 17,91 Millimeter und einer Dicke von 1,35 Millimeter die leichteste, kleinste und dünnste US-Münze. Der Rand hat 118 Riffel. Auf der Vorderseite ist Präsident Franklin D. Roosevelt abgebildet. Die Rückseite zeigt eine Fackel, einen Eichenzweig und einen Olivenzweig. Dort steht auch *One Dime*. Somit ist diese Bezeichnung auch offiziell und nicht nur umgangssprachlich, wie z. B. *nickel* für die 5-Cent-Münze, die übrigens von 1837 bis 1873 die Aufschrift *Half Dime* trug.

Nützliche Vokabeln

bargain – Schnäppchen
retail – Einzelhandel

100 KEEP ONE'S HEAD ABOVE WATER

sich über Wasser halten
(wörtlich: seinen Kopf über Wasser halten)

Die Bildsprache dieser Redewendung, die seit dem 19. Jahrhundert in der amerikanischen Alltagssprache gebraucht wird, kann man ohne Weiteres verstehen, zumal es sie im Deutschen auch in ganz ähnlicher Form gibt. In der Regel beschreibt sie finanzielle Umstände, kann aber auch in Bezug auf andere Sachverhalte verwendet werden, z. B. *"We are drowning in work. We are just barely able to keep our heads above water."* (»Wir ertrinken in Arbeit und bewältigen das gerade noch so.«)

Beispiele

Millions of Americans are struggling to keep their heads above water. (Millionen Amerikaner haben damit zu tun, sich finanziell über Wasser zu halten.)

"All I'm doing every day is trying to keep my head above water." (»Ich mache jeden Tag nichts, außer zu versuchen, mich über Wasser zu halten.«)

Kimberly is a single mother who was struggling to pay her bills and keep her head above water. (Kimberly ist eine alleinerziehende Mutter, die Schwierigkeiten hat, ihre Rechnungen zu bezahlen und sich über Wasser zu halten.)

Good to know

Laut einer Umfrage der *U.S. Federal Reserve* aus dem Jahr 2014 haben lediglich 48 Prozent der Befragten eine Geldreserve, die im Notfall eine Ausgabe von 400 Dollar decken würde, und nur 39 Prozent haben genug Geld gespart, um sich drei Monate lang über Wasser halten zu können.

Nützliche Vokabeln

U.S. Federal Reserve – US-Notenbank
emergency savings – Ersparnisse für den Notfall
rainy day fund – Notgroschen

101 A shot in the arm

Finanzspritze, einen Schub geben
(wörtlich: eine Spritze in den Arm)

Das Wort *shot* bedeutet nicht nur Schuss, sondern wird seit etwa 1900 auch umgangssprachlich für den medizinischen Begriff *injection* gebraucht. Da ein *shot* einen belebenden Effekt hat, wurde *a shot in the arm* wenig später bereits im übertragenen Sinne in der Politik und in der Wirtschaft verwendet. Heute wird die Redewendung auch in anderen Bereichen, z. B. in der Sportberichterstattung, gebraucht.

Beispiele

The funding comes as a timely shot in the arm for the company amid intensifying competition from not only fellow startups but

also more established vendors. (Die Mittelbeschaffung ist eine rechtzeitige Finanzspritze für das Unternehmen zu einer Zeit, da die Konkurrenz sowohl durch andere Neugründungen als auch durch etablierte Anbieter stärker wird.)

A sweeping trade deal with Asian countries, according to its supporters, would vastly expand the market for U.S. exports and give the American economy a shot in the arm. (Ein umfassendes Handelsabkommen mit asiatischen Ländern, so sagen seine Befürworter, würde den Markt für US-Exporte enorm erweitern und der amerikanischen Wirtschaft einen Schub geben.)

Head coach Bill Garrett gave his team a halftime shot in the arm when he told them: "If you give it everything you've got, you'll win." (Cheftrainer Bill Garrett gab seinem Team während der Halbzeit einen Schub, indem er sagte: »Wenn ihr euer Letztes gebt, werdet ihr gewinnen.«)

Good to know

Das Wort *shot* wird mittlerweile auch von Ärzten und Apothekern verwendet, da es einfach kürzer ist als *vaccination* (Impfung), insbesondere in Verbindung mit anderen Wörtern, z. B. *flu shot* (Grippeimpfung).

Diese und andere Impfungen kann man in den USA in vielen Drogerie- und Supermärkten bekommen, falls diese, was meistens der Fall ist, eine *pharmacy* (Apotheke) haben.

Nützliche Vokabeln

injection – Spritze (das Medikament, das man gespritzt bekommt)
syringe – Spritze (das zum Spritzen verwendete Instrument)

Putting it all together

★ **Teil I: Finden Sie die richtigen Bedeutungen der Redewendungen!**

1. *break the bank*

   O die Bank in den Bankrott führen
   O das Budget sprengen

2. *rob Peter to pay Paul*

   O Freunde finanziell ausnutzen
   O sich selbst berauben

3. *a shot in the arm*

   O das finanzielle Aus
   O eine Finanzspritze

4. *on a shoestring*

   O mit wenig Geld
   O sich besser auszahlen

5. *from rags to riches*

   O an den Bettelstab kommen
   O vom Tellerwäscher zum Millionär

6. *nickel and dimed*

   O übervorteilt werden
   O sparsam sein

★ Teil II: Bitte ergänzen Sie die fehlenden Wörter!

Unterhalb stehen die Wörter, die im Text fehlen. Wenn Sie sich die Aufgabe ein wenig erschweren möchten, sollten Sie diese mit der Hand oder einem Blatt Papier verdecken.

Melissa und Sarah betreiben ein Getränkeunternehmen. Die beiden beraten die Entwicklung weiterer Produkte und die Anschaffung einer neuen Abfüllmaschine.

Melissa: We need a _______ in the arm, if we want to create new products. We can't always do it on a _______ budget!

Sarah: If we use ingredients that don't cost an _______ and a _______, we might be able to do it without breaking the _______.

Melissa: I know, but we could also make ends _______ if we don't buy the new bottling device.

Sarah: No, we can't _______ Peter to _______ Paul. We just need to get a bigger bang for our _______.

Melissa: Listen, we both have a lot of _______ in the game here, and we both want to _______ bank eventually, but this isn't going to be a _______ to riches story anytime soon. For now, we need to _______ our head above water.

Sarah: You're right, Melissa. Let's buy the new bottling device when we have more money.

Hier die Liste der Wörter, die im obigen Text fehlen:
meet / keep / bank / rob / buck / shot / skin / make / rags / leg / arm / shoestring / pay

Die richtigen Lösungen finden Sie auf Seite 271.

VII
ZWISCHENMENSCHLICHES

102 BURY THE HATCHET

sich versöhnen, das Kriegsbeil begraben
(wörtlich: das Beil begraben)

Diese Redewendung hat ihren Ursprung bereits im 17. Jahrhundert. 1680 berichtete Samuel Sewall, dass die Mohikaner Beile als Zeichen eines Friedensschlusses mit den Engländern vergruben. 1785 war in einem Friedensvertrag zwischen den Cherokee und den Vereinigten Staaten ebenfalls davon die Rede: *"The hatchet shall be forever buried."* (»Das Kriegsbeil soll für immer begraben sein.«)

Beispiele

"Michael and I buried the hatchet a few days ago and now we're friends again." (»Michael und ich haben das Kriegsbeil vor einigen Tagen begraben und sind jetzt wieder Freunde.«)

Teachers unions aren't happy with Democrats, but are burying the hatchet with the party ahead of the upcoming elections. (Die Lehrergewerkschaften sind unzufrieden mit den Demokraten, begraben aber das Kriegsbeil mit der Partei angesichts der bevorstehenden Wahlen.)

Bruce Willis and Sylvester Stallone have buried the hatchet more than a year after a dispute over money turned into a public Twitter feud. (Bruce Willis und Sylvester Stallone haben das Kriegsbeil begraben, mehr als ein Jahr nachdem aus einem Streit um Geld ein öffentlicher Kleinkrieg auf Twitter wurde.)

Good to know

In den USA leben heute ca. 2,8 Millionen Indianer. Das sind rund ein Prozent der Gesamtbevölkerung. Cherokee (281.000) und Navajo (269.000) sind die größten Indianerstämme. Ein Drittel der *Native Americans* lebt in drei Staaten: Kalifornien (413.000), Arizona (294.000) und Oklahoma (280.000). In sieben Staaten stellen Indianer mehr als fünf Prozent der Bevölkerung: Alaska (15 %), New Mexico (9 %), South Dakota (9 %), Oklahoma (9 %), Montana (6 %), North Dakota (5 %) und Arizona (5 %).

Nützliche Vokabeln

unions – Gewerkschaften
dispute – Streit

103 TAKE A RAIN CHECK

auf ein anderes Mal verschieben
(wörtlich: einen Regenscheck nehmen)

Mitte der 1870er-Jahre begann man damit, jedem Zuschauer einen *rain check* zu geben, wenn ein Baseballspiel wegen Regen ausfiel. Mit diesem Gutschein konnte man sich dann ein anderes Spiel anschauen. *Rain checks* wurden zunächst einfach am Stadionausgang ausgegeben, was auch zu Missbrauch führte, denn manche Leute kletterten über den Zaun und reihten sich einfach mit ein. Ab 1889 ging man daher dazu über, einen bestimmten Abschnitt der Eintrittskarte als *rain check* zu verwenden. Die Redewendung *take a rain check* wurde seit der Wende zum 20. Jahrhundert gebraucht. Wenn man zu etwas eingeladen wird, aber schon etwas anderes vorhat und ausdrücken will, dass man der Einladung gerne zu einem späteren Zeitpunkt nachkommen möchte, kann man u. a. sagen: *"Can I take a rain check?"*

Beispiele

"I can't go with you to the zoo this weekend, but can I take a rain check and go some other day?" (»Dieses Wochenende kann ich nicht mit dir in den Zoo gehen, aber ich würde das gern an einem anderen Tag nachholen.«)

"Let's get a beer after work!" – "I'll have to take a rain check." (»Lass uns ein Bier trinken gehen nach der Arbeit!« – »Ein anderes Mal.«)

"I told the president I wanted to face him in basketball," said Marquis Jackson. Obama told the 13-year-old he would have to take a rain check, but promised to schedule a match the next time he's home in Chicago. (»Ich habe dem Präsidenten gesagt, dass ich gegen ihn im Basketball antreten will«, sagte Marquis Jackson. Obama sagte dem 13-Jährigen, dass er das auf ein anderes Mal verschieben müsse, versprach ihm aber, ein Spiel einzuplanen, wenn er das nächste Mal zuhause in Chicago ist.)

Good to know

Der Begriff *rain check* wird auch im Einzelhandel verwendet. Wenn ein Produkt zum Sonderpreis angeboten wird, aber ausverkauft ist, stellen einige Läden einen *rain check* aus, mit dem man das Produkt zu einem späteren Zeitpunkt zum gleichen Preis bekommen kann.

Nützliche Vokabeln

sale – Sonderangebot
sale price – Sonderpreis

104 KEEP FINGERS CROSSED

die Daumen drücken, auf das Beste hoffen
(wörtlich: die Finger gekreuzt halten)

Während die Deutschen die Daumen drücken, kreuzen die Amerikaner die Finger, genau genommen den Mittelfinger über den Zeigefinger. Wie im Deutschen kann man dies auch ausschließlich verbal, ohne die dazugehörige Handbewegung, ausdrücken. In einigen Fällen, zum Bespiel, wenn etwas den Sprecher selbst betrifft, wird *fingers crossed* passender mit »Lass uns das Beste hoffen!« übersetzt.

Die Herkunft dieser Geste ist umstritten. Zur Zeit der Christenverfolgung nutzten die frühen Gläubigen die gekreuzten Finger wahrscheinlich als geheimes Erkennungszeichen. Dabei wurde das Kreuz anfangs von zwei Personen geformt, indem sie die Daumen berührten und die Zeigefinger kreuzten. Erst ab dem Spätmittelalter wurde es von einer Person allein eingesetzt, um auf diese Weise um Gottes Schutz zu bitten. Aus dieser Zeit gibt es Gemälde, die Jesus mit gekreuzten Fingern im Kreise seiner Jünger zeigen. Eine weitere Theorie besagt, dass schon die frühen Christen die Finger hinter dem Rücken kreuzten, wenn sie ihren Glauben verleugnen mussten.

Beispiele

"I have a job interview tomorrow." – "I'll keep my fingers crossed for you!" (»Ich habe morgen ein Bewerbungsgespräch.« – »Ich werde dir die Daumen drücken!«)

"I hope the car repair isn't going to cost too much." – "Fingers crossed!" (»Ich hoffe, die Reparatur des Autos wird nicht allzu viel kosten.« – »Lass uns das Beste hoffen!«)

Good to know

Amerikaner drücken zwar nicht die Daumen, nutzen diese aber, um Zustimmung oder Ablehnung zu signalisieren. Eine Faust mit nach oben gestreckten Daumen *(thumbs up)* bedeutet Zustimmung, ein nach unten gerichteter Daumen *(thumbs down)* Ablehnung. (Obwohl nur ein Daumen nach oben oder unten gerichtet wird, findet der Plural Verwendung.) Diese Geste kennen wir aus Filmen, in denen Gladiatorenkämpfe im alten Rom dargestellt werden. Mit einem *thumbs down* wurden unterlegene Gladiatoren in den Tod geschickt.

Nützliche Vokabeln

thumb – Daumen
fist – Faust
wrist – Handgelenk

105 LEFT-HANDED COMPLIMENT

versteckte Beleidigung
(wörtlich: linkshändiges Kompliment)

Das *left-handed compliment* (mitunter auch *backhanded compliment* genannt) ist eine herablassende Bemerkung oder geschickte Beleidigung, die als Kompliment verkleidet daherkommt. *Left-handed* wurde über Jahrhunderte hinweg mit »hinterhältig« oder »falsch« assoziiert. In der Bibel gibt es angeblich 25 diesbezügliche Stellen. Im Mittelalter kam dann der Brauch auf, sich die rechten Hände zu schütteln, zum Zeichen, dass man keine Waffe in der Hand hielt. Linkshändern konnte jedoch nicht getraut werden, da sie die Rechte dem Gegner zum Gruß reichten und mit der Linken eine Waffe hinter dem Rücken halten konnten. Zum Leidwesen von Linkshändern hat sich *left-handed compliment* bis heute im Sprachgebrauch gehalten.

BEISPIELE

"She said to me: 'Your daughter is much more athletic than I would have expected.' Can you believe that? What a left-handed compliment!" (»Sie hat zu mir gesagt: ›Deine Tochter ist viel sportlicher, als ich erwartet hätte.‹ Das hält man nicht für möglich, oder? Was für eine indirekte Beleidigung!«)

Her roommate said: "It's so refreshing to meet someone who doesn't care how they look!" Isn't that the most backhanded compliment? (Ihre Mitbewohnerin sagte: »Es ist so erfrischend, jemanden zu treffen, dem es egal ist, wie er aussieht.« Ist das nicht die hinterhältigste Beleidigung?)

GOOD TO KNOW

Obwohl nur zehn Prozent der Bevölkerung Linkshänder sind, nutzten vier der letzten fünf US-Präsidenten die linke Hand entweder hauptsächlich oder gleichermaßen mit der rechten Hand. George H. W. Bush, Bill Clinton und Barack Obama sind reine Linkshänder. Ronald Reagan war beidhändig: Als Western-Schauspieler trug er seinen Revolver auf der linken Seite, aber als Präsident unterzeichnete er Gesetze mit der rechten Hand.

Nützliche Vokabeln

athletic – sportlich
roommate – Mitbewohner

106 AT SOMEONE'S BECK AND CALL

auf Abruf zur Verfügung stehen
(wörtlich: auf jemandes Wink und Ruf)

Das aus dem 14. Jahrhundert stammende Substantiv *beck* (Wink) hat einzig durch die Redewendung *beck and call* überlebt. Es ist vom Verb *beckon* abgeleitet, das es schon im 9. Jahrhundert gab und das damals wie heute »heranwinken« bedeutet. Die Redewendung *at someone's beck and call* lässt sich bereits in christlichen Schriften aus dem 17. Jahrhundert finden.

Beispiele

"Our new boss is a tyrant, we're all at his beck and call 24 hours a day." (»Unser neuer Boss ist ein Tyrann, wir alle müssen 24 Stunden am Tag zu seiner Verfügung stehen.«)

Women tend to place less value on guys that are at their beck and call and more value on those they feel do not have time for them. (Frauen neigen dazu, Männer, die immer verfügbar sind, weniger zu schätzen als jene, die anscheinend keine Zeit für sie haben.)

Even with a full bevy of snowplows at its beck and call, Utah Highway Patrol urges motorists in Southern Utah to take

precautions. (Selbst mit einem Schwarm von Schneepflügen in Bereitschaft, bittet die Utah Highway Patrol Verkehrsteilnehmer eindringlich, Vorsichtsmaßnahmen zu ergreifen.)

Good to know

Das amerikanische Fernsehen berichtet ausführlich über Wintergefahren. Dabei gibt es einige feststehende Kategorien. *Winter storm watch:* Gefahrbringendes Winterwetter ist innerhalb der nächsten 24 Stunden wahrscheinlich; *winter storm warning:* Gefahrbringendes Winterwetter ist innerhalb der nächsten 12 Stunden sehr wahrscheinlich oder steht unmittelbar bevor; *Blizzard warning:* Kräftige Winde und starker Schneefall verursachen extrem schlechte Sichtverhältnisse und Schneeverwehungen.

Nützliche Vokabeln

black ice – Glatteis
antifreeze – Frostschutzmittel fürs Auto

107 Pull someone's leg

jemanden auf den Arm nehmen
(wörtlich: jemandes Bein ziehen)

Wenn man das Gefühl hat, vom Gesprächspartner auf die Schippe genommen zu werden, kann man durch einen Satz wie *"You're pulling my leg!"* humorvoll seine Zweifel an der gemachten Aussage anmelden. Die Herkunft dieser Redewendung, die in England und Amerika Ende des 19. Jahrhunderts populär wurde, ist ungeklärt.

Beispiele

"Mike said that our office will get a ping pong table." – "I think he's pulling your leg." (»Mike hat gesagt, dass unser Büro eine

Tischtennisplatte bekommt.« – »Ich glaube, er wollte dich auf den Arm nehmen.«)

"In Germany, most people have six weeks of paid vacation." – "Are you pulling my leg?" (»In Deutschland haben die meisten Menschen sechs Wochen bezahlten Urlaub.« – »Willst du mich auf den Arm nehmen?«)

Good to know

Nur die wenigsten Arbeitnehmer in den USA haben auch nur annähernd so viel Urlaub wie ihre Kollegen in Europa. Die meisten Leute haben zehn bis fünfzehn bezahlte Urlaubstage im Jahr. Eine Ausnahme bilden Universitätsmitarbeiter und Lehrer. Letztere haben in der Regel den Sommer frei, allerdings oft unbezahlt. Einen gesetzlich garantierten Anspruch auf Mindesturlaub gibt es in den USA nicht. Die Zahl der Feiertage ist ebenfalls gering, und jedes Unternehmen legt selbst fest, an welchen Tagen seine Mitarbeiter frei haben. Eine Ausnahme bilden Angestellte des Staates *(federal employees)*, wie z. B. die Mitarbeiter der Post, die zehn *federal holidays* haben. Die meisten Banken haben an diesen Tagen ebenfalls geschlossen.

Nützliche Vokabeln

paid vacation days – bezahlte Urlaubstage
unpaid vacation – unbezahlter Urlaub
holiday – Feiertag

108 HAVE AN AX TO GRIND

eine Rechnung offen haben
(wörtlich: eine Axt zu schleifen haben)

Diese Redewendung bedeutete ursprünglich, dass jemand ein verstecktes Motiv für sein Verhalten hatte. Entstanden ist sie

Anfang des 19. Jahrhunderts an der Ostküste der USA. Als Urheber wird oft Benjamin Franklin (1706–1790) genannt, einer der Gründungsväter der Vereinigten Staaten. In seiner Autobiographie beschreibt er folgendes Kindheitserlebnis: Ein Mann bat ihn, ihm zu zeigen, wie der Schleifstein seines Vaters funktionierte. Der Mann gab ihm zu diesem Zweck seine Axt. Nachdem diese geschliffen war, ging er lachend und ohne zu zahlen fort. Charles Miner (1780–1865), der den Bundesstaat Pennsylvania im US-Repräsentantenhaus vertrat, hatte ein ähnliches Erlebnis als Kind. Während Franklin die Redewendung allerdings nicht wörtlich gebrauchte, sagte Miner (im Englisch seiner Zeit): *"When I see a merchant over-polite to his customers…Thinks I, that man has an axe to grind."* (»Wenn ich einen Geschäftsmann sehe, der überfreundlich zu seinen Kunden ist, denke ich, dass er ein verstecktes Motiv hat.«) Heute entspricht *to have an ax to grind* der deutschen Redewendung »mit jemandem noch ein Hühnchen zu rupfen« bzw. »eine Rechnung offen zu haben«.

Beispiele

He still has an ax to grind with the Florida judicial system. (Er hat noch eine Rechnung offen mit dem Justizwesen in Florida.)

After the mayor resigned, he said to reporters: "I have no ax to grind with anyone and there are no hard feelings." (Nachdem der Bürgermeister seinen Rücktritt erklärt hatte, sagte er zu Reportern: »Ich habe mit niemandem eine offene Rechnung und hege keinen Groll.«)

Good to know

"No hard feelings!" (wörtlich: »Keine harten Gefühle!«) ist eine Redewendung, die soviel wie »Schwamm drüber, ich werde keinen Groll hegen« bedeutet und verwendet wird, wenn Leute nach vielen Auseinandersetzungen getrennte Wege gehen, zum Beispiel am Ende einer Geschäftsbeziehung. Sie drückt aus, dass man von nun ab weder Freund noch Feind ist und dass man bei zukünftigen Begegnungen zivilisiert miteinander umgehen wird.

Nützliche Vokabeln

ax – Axt (USA), *axe* – Axt (Großbritannien)
hold a grudge against someone – jemandem etwas nachtragen

109 TAKE SOMEONE DOWN A NOTCH

jemandem einen Dämpfer verpassen, einen Gang zurücklegen
(wörtlich: jemanden um eine Kerbe herunternehmen)

Jemand, der überheblich auftritt, verdient es mitunter, dass man ihm einen Dämpfer aufsetzt, damit er etwas bescheidener wird. In dieser Bedeutung wird auch die Variante *take someone down a peg or two* verwendet. Man kann aber auch *dial it down a notch* sagen, wenn man jemanden auffordern will, aus gesundheitlichen Gründen »einen Gang zurückzuschalten«.

Ferner kann *take something down a notch* neutral benutzt werden, um auszudrücken, dass eine Anstrengung oder ein Vorgehen leicht zurückgeschraubt werden soll. Diese Redewendung lässt sich bereits in der zweiten Hälfte des 17. Jahrhunderts nachweisen und stammt wahrscheinlich aus der Seefahrt, als die Höhe von Segeln und Fahnen durch Pflöcke *(pegs)* am Mast eingestellt wurde.

Beispiele

"He's so arrogant that I wish our boss would take him down a notch or two." (»Er ist so arrogant, dass ich wünschte, unser Chef würde ihm mal einen Dämpfer verpassen.«)

She works way too hard. The doctor told her to take it down a notch. (Sie arbeitet viel zu hart. Der Arzt hat ihr gesagt, dass sie einen Gang zurückschalten soll.)

"Dial it down a notch!" (»Mach mal halblang!«)

Fettnäpfchengefahr

Wenn man einen Bekannten oder Freund mit dieser Redewendung auffordert, sich zu schonen, sollte der Zusammenhang klar sein, damit es kein Missverständnis gibt. Es versteht sich von selbst, dass man seinen Chef, einen Polizisten oder sonstige Autoritätspersonen auf keinen Fall auffordern sollte, *to take it down a notch.*

Nützliche Vokabeln

dial – (einen Stellknopf) einstellen, (eine Telefonnummer) anwählen
dial – Stellknopf, Ziffernblatt

110 GO TO BAT FOR SOMETHING/SOMEONE

sich für etwas/jemanden einsetzen
(wörtlich: für etwas/jemanden schlagen gehen)

Wieder eine Redewendung aus dem Baseball: Der Schlagmann *(batter)* tritt an die *home plate* heran, um für sein Team den Ball zu schlagen *(to bat)*, der vom *pitcher*, dem gegnerischen Spieler auf dem kleinen Sandhügel, geworfen wird. Man kann also sagen: *"He goes to bat for his team."* In der Umgangssprache bedeutet dies, dass man sich für jemanden bzw. eine Sache einsetzt.

Beispiele

Governor Andrew Cuomo goes to bat for juvenile offenders. Cuomo says that New York should stop automatically prosecuting 16- and 17-year-old offenders as adults. Treating them as juveniles would help them get needed services and reduce the chances that they will re-offend. (Gouverneur Andrew Cuomo setzt sich für jugendliche Straftäter ein. Cuomo sagt, dass New York damit aufhören sollte, 16- und 17-jährige Täter strafrechtlich automatisch als Erwachsene zu verfolgen. Sie als Jugendliche zu behandeln, würde ihnen helfen, die nötige Betreuung zu erhalten, und die Chancen verringern, dass sie rückfällig werden.)

"We thank Sen. Michael Bennet for going to bat for a program that offers training and technical assistance to about 3,500 rural water systems in Colorado." (»Wir danken Senator Michael Bennet dafür, dass er sich für ein Programm einsetzt, das 3.500 ländlichen Wasserversorgern in Colorado Schulungen und technische Unterstützung anbietet.«)

Good to know

43 Millionen Menschen in den USA sind nicht an öffentliche Trinkwasser-Versorgungsnetze angeschlossen, sondern versorgen sich selbst, d. h. zu 99 Prozent aus Grundwasserbrunnen. Die *U.S. Geological Survey*, eine wissenschaftliche Behörde des Innenministeriums, stellte 2009 in einer Studie fest, dass das Wasser aus ungefähr einem Viertel der privaten Brunnen mindestens einen gesundheitsgefährdenden Schadstoff enthielt.

Nützliche Vokabeln

rural – ländlich
urban – städtisch
private well – Privatbrunnen
contaminant – Schadstoff, Verunreinigung

111 PUSH SOMEONE'S BUTTONS

jemand provozieren, auf die Palme bringen
(wörtlich: jemandes Knöpfe drücken)

In den 1920er-Jahren hielt der elektrische Strom Einzug in die meisten amerikanischen Haushalte. Während im Jahr 1920 nur 35 Prozent der Haushalte an das Stromnetz angeschlossen waren, lag dieser Wert 1930 landesweit bereits bei 68 Prozent und in den Städten sogar bei 85 Prozent. In diesem Jahrzehnt lernten viele Amerikaner also, dass man mit Drücken eines Knopfes *(push of a button)* ein Haushaltsgerät anschalten oder einen Fahrstuhl bewegen konnte. Im übertragenen Sinne ließ sich jemand zu einer Handlung bewegen, wenn man bei ihm die richtigen Knöpfe drückte.

Beispiele

"Trolling is just harassing people online, trying to get a rise out of them," Internet safety expert Sean Wallace said. "Don't let them push your buttons." (»Trollen ist das Belästigen von Menschen im Internet, der Versuch, sie auf die Palme zu bringen«, sagte Internet-Sicherheitsexperte Sean Wallace. »Lassen Sie sich nicht davon provozieren.«)

"Pointless electronics in a sports car really push my buttons." (»Sinnlose Elektronik in einem Sportwagen bringt mich auf die Palme.«)

"He knew what buttons to push. Of course, I lost my patience. I yelled at him and he smiled." (»Er wusste, wie er mich provozieren konnte. Natürlich riss mir der Geduldsfaden. Ich schrie ihn an und er lächelte.«)

Good to know

Eine Redewendung, die dasselbe wie *push someone's buttons* ausdrückt, ist *get a rise out of someone* (wörtlich: jemanden zum Aufsteigen bewegen). Die Herkunft liegt wahrscheinlich im Fliegenfischen, wo ein Köder an eine vielversprechende Stelle gehalten wird, in der Hoffnung, dass ein Fisch aufsteigen und anbeißen wird.

Nützliche Vokabeln

fly-fishing – Fliegenfischen
bait – Köder

112 WALK ON EGGSHELLS

übervorsichtig sein, um jemanden nicht zu reizen
(wörtlich: auf Eierschalen gehen)

To walk on eggshells bedeutet, extrem vorsichtig zu sein, um jemanden mit dünner Haut nicht zu verletzen, zu beleidigen oder zum Ausrasten zu bringen. Die Herkunft dieser Redewendung, die oft in Bezug auf Beziehungsprobleme verwendet wird, ist ungeklärt, lässt sich aber bereits in Büchern aus dem 19. Jahrhundert in dieser Bedeutung finden.

BEISPIELE

"My husband gets angry easily. When he's home, I'm walking on eggshells." (»Mein Mann wird schnell wütend. Wenn er zu Hause ist, muss ich ganz vorsichtig sein, um ihn nicht zu provozieren.«)

If you constantly feel like you're walking on eggshells around your partner and he or she repeatedly puts you down or tries to control your behavior with silent treatments or sarcasm, be aware that this is not OK. (Falls du ständig das Gefühl hast, dich gegenüber deinem Partner bzw. deiner Partnerin übervorsichtig verhalten zu müssen, und er oder sie dich wiederholt herabsetzt oder versucht, dein Verhalten durch Schweigen oder Sarkasmus zu kontrollieren, dann musst du wissen, dass das nicht ok ist.)

GOOD TO KNOW

Wer vom Ehepartner misshandelt wird, kann Zuflucht in einem *domestic violence shelter* finden. Für misshandelte Einwanderer ist es wichtig zu wissen, dass sie bei einer Scheidung die Aufenthaltsgenehmigung in der Regel behalten können, auch wenn sie sich zu diesem Zeitpunkt weniger als zwei Jahre in den USA befinden. Man sollte sich also vom Ehepartner diesbezüglich nicht unter Druck setzen lassen. Die *National Domestic Violence*

Hotline berät rund um die Uhr: 1-800-799-7233. Im Notfall ruft man die Polizei über 911.

Nützliche Vokabeln

marriage counseling – Eheberatung
domestic violence – häusliche Gewalt
shelter – Zufluchtsort
press charges against someone – Anzeige gegen jemanden erstatten
divorce – Scheidung

113 LEAVE TO ONE'S OWN DEVICES

jemand sich selbst überlassen
(wörtlich: den eigenen Geräten überlassen werden)

Im heutigen Sprachgebrauch ist ein *device* ein Gerät, wie zum Beispiel ein Smartphone. Das Substantiv *device* kommt von dem Verb *devise*, das gegenwärtig mit »ersinnen, formulieren, konstruieren« übersetzt werden kann, vor einigen Hundert Jahren jedoch ganz allgemein »erträumen« bedeutete. Die Redewendung *leave to one's own devices* stammt aus dem 19. Jahrhundert und wird meistens in der Vergangenheitsform verwendet: *He was left to his own devices.* (Er musste selbst zusehen, wie er zurecht kam.)

Beispiele

In 1914, the Baron moves himself and his wife to a plantation in West Africa, then leaves her to her own devices as he returns to womanizing and drinking. (1914 zieht der Baron mit seiner Frau auf eine Plantage in Westafrika und überlässt sie dann sich selbst, während er sich wieder Frauengeschichten und dem Trinken zuwendet.)

Renamed Eric Burdon and War, the band headed up to San Francisco to record masterpieces like 'Spilled the Wine.' After two

albums, however, Burdon left the band, leaving them to their own devices. (Umbenannt in *Eric Burdon and War* machte sich die Band auf nach San Francisco, um Meisterwerke wie *Spilled the Wine* aufzunehmen. Nach zwei Alben verließ Burdon allerdings die Band und überließ sie sich selbst.)

In the summer of 1954, a privileged teenager is left to her own devices in New York City after her parents go to Europe. (Im Sommer 1954 war eine privilegierte Jugendliche in New York sich selbst überlassen, nachdem ihre Eltern nach Europa verreist waren.)

Good to know

Wie oben bereits festgestellt wurde, ist *device* ein Substantiv und *devise* ein Verb. Das Gleiche gilt für *advice* (Rat, Hinweis) und *advise* (raten, empfehlen). Bei der Rechtschreibung dieser Wörter machen selbst Muttersprachler oft Fehler.

Nützliche Vokabeln

womanizing – viele Frauengeschichten haben
spill – verschütten

114 Burn one's bridges

alle Brücken hinter sich abbrechen
(wörtlich: seine Brücken verbrennen)

Auf Kriegszügen ließen die Befehlshaber mitunter die Brücken, die ihre Truppen gerade überquert hatten, in Brand stecken, um einen Rückzug unmöglich zu machen und damit den Kampfeswillen zu stärken. Heute wird diese Redewendung meistens im Zusammenhang mit einem Arbeitsplatzwechsel verstanden, wobei man es vermeiden sollte *to burn one's bridges,* d. h. man sollte sich in gutem Einvernehmen trennen und auch später nicht schlecht über die ehemaligen Kollegen und Vorgesetzen reden. Schließlich kann man nie wissen, ob man nicht doch einmal wieder mit ihnen beruflich zu tun haben wird.

Beispiele

"Even if you hate your boss and can't stand your colleagues, don't burn your bridges." (»Selbst wenn Sie Ihren Chef hassen und Ihre Kollegen nicht ausstehen können, sollten Sie nicht alle Brücken hinter sich abbrechen.«)

For the majority of ex-employees, it is in their own self-interest not to burn any bridges. Unfortunately, there is a minority of employees with an ax to grind. (Für die Mehrheit der ehemaligen Angestellten ist es in ihrem eigenen Interesse, nicht alle Brücken hinter sich abzubrechen. Leider gibt es eine Minderheit von Angestellten, die noch ein Hühnchen zu rupfen hat.)

Good to know

Wenn amerikanische Arbeitgeber an einem Bewerber Interesse haben, schauen sie sich zuerst dessen Profil bei LinkedIn.com an. Dieses ist genauso wichtig wie die Bewerbungsunterlagen. Man sollte es daher immer auf dem neuesten Stand halten und nach Möglichkeit auch Empfehlungen für nette Kollegen schreiben.

Diese revanchieren sich in der Regel dafür. Derartige Empfehlungen werden von Personalabteilungen ernst genommen und können letztendlich den Ausschlag geben, dass man in die engere Wahl gezogen und zu einem Bewerbungsgespräch eingeladen wird.

Nützliche Vokabeln

resignation – Rücktritt, Kündigung durch den Arbeitnehmer
recommendation – Empfehlung

115 HANG OUT TO DRY

im Stich lassen
(wörtlich: zum Trocknen raushängen)

Die genaue Herkunft dieser Redewendung ist ungeklärt. Das Aufhängen von Wäsche liegt sicher nahe. Aber auch das Aufhängen von erlegten Tieren, zwecks Trocknen des Fleisches, wäre eine Möglichkeit. Im übertragenen Sinne bedeutet *hang out to dry*, dass jemand im Stich gelassen wird. Nicht selten wird die Vergangenheits- bzw. Passivform *hung out to dry* verwendet.

Beispiele

For a few months, entrepreneurs have wide access to resources and contacts. However, once those few months are over, entrepreneurs are hung out to dry. If their companies aren't ready to stabilize, they will collapse. (Einige Monate lang haben Jungunternehmer einen weitgehenden Zugang zu Hilfsmitteln und Kontakten. Sobald diese wenigen Monate jedoch vorbei sind, werden die Jungunternehmer im Stich gelassen. Wenn ihre Unternehmen noch nicht in der Lage sind, sich zu stabilisieren, werden sie zusammenbrechen.)

There's a lot of social need here, poverty and refugees, but residents are always stepping up to help. They don't let less fortunate individuals hang out to dry. (Es gibt hier viele Bedürfnisse im sozialen Bereich, z. B. Armut und Flüchtlinge, aber die Einwohner stellen sich der Herausforderung und helfen jederzeit. Sie lassen Leute, die weniger Glück hatten, nicht im Stich.)

Good to know

Das soziale System in den USA ist mit dem in Deutschland nicht vergleichbar. Viele Amerikaner sind nicht bereit, für bessere soziale Leistungen durch den Staat höhere Steuern zu zahlen. Jedoch gibt es Millionen hilfsbereite Menschen, die durch Freiwilligenarbeit und Geldspenden helfen. Im Jahr 2013 spendeten Privatpersonen mehr als 241 Milliarden und Stiftungen rund 50 Milliarden Dollar. Von Unternehmen kamen lediglich 16 Milliarden Dollar. Ein Drittel des Gesamtbetrages ging an Religionsgemeinschaften.

Nützliche Vokabeln

volunteering – Freiwilligenarbeit
donation – Geldspende

116 THROW SOMEONE UNDER THE BUS

opfern, verraten, zum Sündenbock machen
(wörtlich: jemanden unter den Bus werfen)

Wenn man die Schuld auf eine andere Person abwälzt und diese öffentlich zum Sündenbock macht, nur um die eigene Haut zu retten, sprechen die Amerikaner davon, dass sie »unter den Bus« geworfen wird. In der Regel wird ein enger Mitstreiter geopfert, den das oft unerwartet trifft, sodass dieses Verhalten auch durch eine gehörige Prise Verrat gekennzeichnet ist. Die Redewendung wurde um 2004 in der Sportberichterstattung populär und ist, seit sie im Präsidentschaftswahlkampf 2008 häufig verwendet wurde, jetzt auch besonders im politischen und geschäftlichen Bereich beliebt.

Beispiele

Embattled Baltimore mayor Stephanie Rawlings-Blake throws her own police department under the bus by requesting a Justice Department investigation. (Die bedrängte Bürgermeisterin von Baltimore, Stephanie Rawlings-Blake, macht ihre eigene Polizeidirektion zum Sündenbock, indem sie eine Untersuchung durch das Justizministerium fordert.)

President Obama "threw Israel under the bus," according to the harsh words of Mitt Romney, the unsuccessful presidential candidate of 2012. (Präsident Obama »hat Israel verraten«, so die harschen Worte von Mitt Romney, dem erfolglosen Präsidentschaftskandidaten des Jahres 2012.)

Good to know

Die Vorwahlen in den USA, bei denen die Parteien ihre Kandidaten für die Präsidentschaftswahl ermitteln, ziehen sich über mehrere Monate hin. In einigen Staaten finden *primaries* statt, in anderen *caucuses*. Eine *primary* wird vom Staat ausgerichtet und aus Steuergeldern finanziert, ein *caucus* ist eine private Veranstaltung der jeweiligen Partei. Die *primary* wird wie eine richtige Wahl durchgeführt, also mit Wahllokalen, Stimmzetteln und Urnen. Bei einer als *caucus* ausgerichteten Vorwahl gehen die Wähler dagegen zu örtlichen Wahlversammlungen, gruppieren sich je nach Kandidat und werden dann gezählt. Die Zahl der Delegiertenstimmen für die Wahlparteitage, die es dabei zu gewinnen gibt, ist in jedem Bundesstaat anders und wird von der jeweiligen Parteizentrale vor Beginn der Vorwahlen festgelegt.

Nützliche Vokabeln

presidential election – Präsidentschaftswahl
polling station – Wahllokal

117 OVER A BARREL

hilflos ausgeliefert
(wörtlich: über einem Fass)

Diese Redewendung tauchte Ende der 1930er-Jahre in amerikanischen Zeitungen auf, könnte aber in der Umgangssprache schon länger verwendet worden sein. Sie bezieht sich auf eine Art der körperlichen Züchtigung, die mit Vorliebe in US-Gefängnissen praktiziert wurde: Gefangene wurden auf dem Bauch liegend in Längsrichtung auf einem Fass festgebunden und dann ausgepeitscht. Die Bestraften waren so der Züchtigung hilflos ausgeliefert.

Beispiele

"They get you over a barrel. They have the money and the lawyers." (»Du bist ihnen hilflos ausgeliefert. Die haben das Geld und die Anwälte.«)

Illegal immigrants are often exploited by unscrupulous employers. "They pay them a great deal less than market value," Mason said. "And they have them over a barrel because they are undocumented and can't complain for fear of deportation." (Illegale Einwanderer werden oft von skrupellosen Arbeitgebern ausgebeutet. »Sie zahlen ihnen viel weniger, als auf dem Markt üblich ist«, sagte Mason. »Und sie sind ihnen hilflos ausgeliefert, weil sie keine Dokumente haben und sich aus Angst vor Abschiebung nicht beschweren können.«)

The cable companies have America over a barrel, and people are sick of it. (Amerika ist den Kabelnetzbetreibern hilflos ausgeliefert, und die Leute haben es satt.)

Good to know

An den meisten Orten in den USA hat man keine große Auswahl zwischen Kabelgesellschaften. Hier nehmen oft ein oder zwei Unternehmen eine Monopolstellung ein, der Kundenservice ist in der Regel entsprechend schlecht. Man kann mitunter Stunden damit verbringen, ein technisches Problem behoben zu bekommen.

Die Firma *Comcast,* die weite Teile des Marktes in Sachen Kabelfernsehen, Internet und Telefon beherrscht, nimmt in vielen Kundenumfragen die Spitzenstellung bei den meistgehassten Unternehmen ein.

Nützliche Vokabeln

internet service provider – Internetanbieter
telephone service provider – Telefongesellschaft

118 Scratch someone's back

jemandem einen Gefallen tun
(wörtlich: jemandes Rücken kratzen)

Diese Redewendung ist die Kurzform des Sprichwortes *You scratch my back and I'll scratch yours* (Wenn du meinen Rücken kratzt, kratze ich deinen), das nichts mit einer Abhilfe in Sachen Juckreiz zu tun hat. Es stammt auch nicht aus der Welt der Affen, wie man vielleicht annehmen könnte, sondern hat seinen Ursprung bei der britischen Marine des 17. Jahrhunderts.

Seinerzeit wurden Matrosen oft durch Auspeitschen bestraft und die Mitglieder der Besatzung trafen untereinander Absprachen, dass die Schläge nicht zu hart ausgeführt werden, sondern den Rücken nur »kratzen«. Der Auszupeitschende versprach dem Auspeitschenden, dass er, sollten die Rollen einmal umgekehrt verteilt sein, ebenso verfahren würde. Heutzutage wird diese Redewendung hauptsächlich für Gefälligkeiten hinter den politischen Kulissen verwendet.

Beispiele

The rules of politics are simple: You scratch someone's back, they scratch yours later on. (Die Regeln der Politik sind einfach: Du tust anderen einen Gefallen, und sie tun dir später ebenfalls einen Gefallen.)

They scratched his back, so he shut down the investigation. (Sie hatten ihm einen Gefallen getan, und deshalb stellte er die Untersuchung ein.)

Good to know

Auf amerikanischen Wahlzetteln befinden sich nicht nur die Kandidaten für politische Ämter auf Bundes- und Bundesstaatsebene, sondern auch für die Wahl des Generalstaatsanwalts und der Obersten Richter des betreffenden Bundesstaates. Ebenso die Richter, Staatsanwälte und Sheriffs für die einzelnen Verwaltungsbezirke. Der Wahlkampf kostet Geld und viele Unternehmen, Interessengruppen und Individuen versuchen, durch Spenden einen positiven Eindruck bei den jeweiligen Kandidaten zu hinterlassen.

Nützliche Vokabeln

county – Verwaltungsbezirk
prosecutor – Staatsanwalt
sheriff – Polizeichef eines Verwaltungsbezirks

119 HOLD SOMEONE'S FEET TO THE FIRE

jemand in die Pflicht nehmen
(wörtlich: jemandes Füße ans Feuer halten)

Schon während der Kreuzzüge gab es die beliebte Foltermethode, die Füße derjenigen ans Feuer zu halten, die man zu einem Geständnis bewegen wollte.

Diese Redewendung wurde bereits im kolonialen Amerika verwendet und lässt sich heutzutage hauptsächlich in der politischen Berichterstattung finden. Dabei wird statt *hold* mitunter auch das Wort *put* (legen) gebraucht.

Beispiele

She never hesitates to hold powerful people's feet to the fire. (Sie zögert nie, mächtige Leute in die Pflicht zu nehmen.)

Pope Francis is the one person who can hold Cuba's feet to the fire when it comes to ending human-rights violations. (Papst Franziskus ist die einzige Person, die Kuba in die Pflicht nehmen kann, was die Beendigung von Menschenrechtsverletzungen angeht.)

This bill will hold railroads' feet to the fire and ensure they're moving forward fast to install Positive Train Control (PTC). (Dieses Gesetz wird die Eisenbahnunternehmen in die Pflicht nehmen und sicherstellen, dass sie schnell die nächsten Schritte unternehmen und *Positive Train Control (PTC)* installieren.)

Good to know

Positive Train Control (PTC) ist ein über Satelliten oder Sensoren betriebenes Zugleitsystem, das die Sicherheit im Mischverkehr von Güter- und Personenzügen erhöhen soll und schrittweise in den USA eingeführt wird. In der Entwicklung hat *General Electric* mit dem Hersteller des russischen Systems *KLUB-U* zusammengearbeitet.

Nützliche Vokabeln

hesitate – zögern
passenger train – Personenzug
freight train – Güterzug

120 RUB SOMEONE THE WRONG WAY

jemanden gegen den Strich gehen
(wörtlich: jemand in die falsche Richtung reiben)

Die Redewendung *rub someone the wrong way* wird seit Mitte des 19. Jahrhunderts verwendet. Es gibt zwei Haupttheorien für ihre Entstehung: Sie komme entweder daher, dass eine Katze genervt reagiert, wenn man sie gegen den Strich bürstet, oder sie sei in der amerikanischen Kolonialzeit entstanden, als wohlhabende Leute ihr Personal anwiesen, *to rub* die Holzfußböden *the right way*, d. h. diese nach dem Wischen richtig trocken zu reiben, um sie nicht zu ruinieren.

Beispiele

Many current and former employees say his aggressive approach can rub some people the wrong way. (Viele jetzige und ehemalige Mitarbeiter sagen, dass seine aggressive Vorgehensweise einigen Leuten gegen den Strich geht.)

"I'm confident because I'm the best player in the world," LeBron James said. "It's as simple as that." Why did his proclamation of being the greatest rub so many people the wrong way? (»Ich bin selbstsicher, weil ich der beste Spieler der Welt bin«, sagte LeBron James. »So einfach ist das.« Warum ist seine Proklamation, dass er der Größte sei, so vielen Leuten gegen den Strich gegangen?)

This new series of mystery novels featuring a racist private detective is rubbing a lot of people the wrong way. (Diese neue Krimireihe, in der ein rassistischer Privatdetektiv die Hauptrolle spielt, geht vielen Leuten gegen den Strich.)

Good to know

Rund ein Drittel der in den USA verkauften Romane sind Krimis bzw. Thriller. Besonders beliebt sind Krimis, die ohne viel Gewalt und Sex auskommen und die sich oft um Hobbydetektive in Kleinstädten drehen, die sogenannten *cozies*, von denen es viele Subgenres gibt, zum Beispiel Katzenkrimis *(cat mysteries)* und Bibliothekarinnenkrimis *(librarian mysteries)*.

Das in Deutschland so beliebte Genre des Regionalkrimis gibt es in den USA nicht.

Nützliche Vokabeln

mystery novel – Kriminalroman
cozy – behaglich, gemütlich

PUTTING IT ALL TOGETHER

★ TEIL I: BITTE SETZEN SIE DAS RICHTIGE WORT EIN!

I always feel like I walk on _______ because one wrong word will make him angry.

(sand / eggshells / ice)

The group was left to their own _______ after their leader disappeared.

(problems / thoughts / devices)

It is not a good idea to burn _______ because that can be a disadvantage in the future.

(houses / money / bridges)

If you hang someone out to _______ you really hurt them.

(fly / dry / die)

Donald threw his partner under the _______ by saying that he caused the deal to fail.

(train / bus / truck)

The company had their employees over a _______,

since the unemployment rate was at 15 percent.

(table / chair / barrel)

Politicians often scratch each other's _______

because it is to their long-term advantage.

(back / neck / hand)

After holding their _______ to the fire the

company agreed to clean up the oil spill.

(hands / arms / feet)

It rubbed many fans the wrong _______ when the

band ignored their calls for an encore.

(direction / way / channel)

★ Teil II: Bitte wählen Sie das passende Satzende!

Mike and I buried the hatchet because

- O *it was supposed to bring good luck.*
- O *it was time to move on.*

Mary took a rain check because

- O *she really needed the money.*
- O *her mother was sick.*

Paul is keeping his fingers crossed because

- O *they are aching from typing all day.*
- O *he really wants his wife to get the job.*

I think it was a left-handed compliment when she said that

- O *I was wearing a pretty dress.*
- O *the shirt made me look slim.*

My boss thinks I'm at his beck and call because he

- O *emails me at night and on the weekend.*
- O *he gives me more work than I can handle.*

Rick pulled my leg when he

- O *saw me under the car.*
- O *said that he had won the lottery.*

Jeb still has an ax to grind because

- O *he didn't have fun.*
- O *he can't forget what happened.*

It's good to take someone down a notch if they are

- O *too successful.*
- O *too arrogant.*

I will go to bat for her because

- O *I owe her money.*
- O *she's been a good friend.*

To push someone's buttons means

- O *to encourage them to be a better person.*
- O *to provoke them on purpose.*

Die richtigen Lösungen finden Sie auf Seite 272.

VIII
NACHDENKLICHES

121 PUT ON ONE'S THINKING CAP

etwas sorgfältig überdenken
(wörtlich: eine Denkmütze aufsetzen)

Viele Amerikaner sind Meister im Multitasking (zumindest glauben sie das) und wechseln alle paar Minuten zwischen E-Mail, Smartphone, Facebook usw. hin und her und erledigen Dinge aus dem Stehgreif heraus. Wenn sie sich wirklich einmal konzentrieren und etwas sorgfältig überdenken müssen, ist es Zeit *to put on a thinking cap.* Diese Redewendung kommt aus dem Mittelalter, als Richter in England eine Mütze aufsetzten, bevor sie die Strafe erwogen und verkündeten. Da Richter als Denker angesehen wurden, nannte man diese Mütze im Volksmund *thinking cap.*

BEISPIELE

"I read the article and immediately put my critical thinking cap on because there were some red flags." (»Ich las den Artikel und begann ihn sofort kritisch zu überdenken, denn es gab da einige Warnzeichen.«)

When everyone, especially the media, puts on their thinking caps for just a minute, they'd realize how bad the situation really is. (Wenn alle, besonders die Medien, nur mal eine Minute gründlich nachdenken, würden sie erkennen, wie schlecht die Lage wirklich ist.)

GOOD TO KNOW

Zwei Psychologen der Vanderbilt University in Nashville (Tennessee) haben ein *thinking cap* entwickelt, das das Gehirn durch elektrischen Strom stimuliert und das Lernen aus Fehlern fördert. Böse Zungen fordern, dass in erster Linie Politiker verpflichtet werden sollten, diese Kopfbedeckung zu tragen.

Nützliche Vokabeln

psychologist – Psychologe (darf keine Medikamente verschreiben)

psychiatrist – Psychiater (Facharzt, darf Medikamente verschreiben)

122 BETWEEN A ROCK AND A HARD PLACE

Dilemma

(wörtlich: zwischen einem Felsen und einer harten Stelle)

Diese Redewendung beschreibt eine Situation, die zwei Möglichkeiten der Entscheidung bietet und die beide zu einem unerwünschten Ergebnis führen. Es wird angenommen, dass sie 1917 in Arizona entstand. Im Ort Bisbee hatten 1.300 Bergleute die Arbeit in den Kupferminen niedergelegt. Der Sheriff ernannte daraufhin 2.000 Hilfspolizisten, mit deren Hilfe er die streikenden Arbeiter verhaften und in Viehwaggons in einen 320 Kilometer entfernten Ort in New Mexico bringen ließ. Die Arbeiter standen nun vor der Wahl, einer unterbezahlten Arbeit am Felsen nachzugehen oder am neuen Ort in Armut zu leben. In den 1930er-Jahren wurde diese Redewendung dann häufig in amerikanischen Zeitungen verwendet, mitunter in der abgewandelten Form *between a rock and a hard spot,* die dasselbe bedeutet.

Beispiele

"I love my job, but my wife says that she would leave me if I don't quit. I'm really caught between a rock and a hard place!" (»Ich liebe meine Arbeit, aber meine Frau sagt, dass sie mich verlässt, wenn ich nicht kündige. Das ist ein echtes Dilemma!«)

Democrats are caught between a rock and a hard place on immigration. Most people in swing states demand a hard line on immigration, but Democrats also depend on Latino votes.

(Die Demokraten befinden sich in einer schwierigen Situation. Die meisten Menschen in Bundesstaaten mit wechselnden Mehrheiten verlangen eine unnachgiebige Haltung in Sachen Einwanderung, aber die Demokraten sind auch auf die Stimmen der Latinos angewiesen.)

Good to know

In den amerikanischen Medien ist oft von *red states* und *blue states* die Rede. Als *red states* werden jene Bundesstaaten bezeichnet, in denen die *Republicans* bei Wahlen normalerweise eine solide Mehrheit haben, und *blue states* sind jene, in denen gewöhnlich die *Democrats* den Sieg erringen. Staaten mit wechselnden Mehrheiten werden als *swing states* oder *battleground states* bezeichnet.

Rot als Farbe der Konservativen ist für Europäer sicher gewöhnungsbedürftig, da sie diese Farbe Linksparteien zuordnen.

Nützliche Vokabeln

demand – verlangen
depend – angewiesen sein

123 Take something with a grain of salt

etwas mit einer Prise Skepsis betrachten
(wörtlich: etwas mit einem Körnchen Salz zu sich nehmen)

Wenn man eine Aussage generell als wahr anerkennt, aber trotzdem noch ein wenig skeptisch ist, kann man sagen, dass man sie mit einem *grain of salt* nimmt. Diese Redewendung wird auf den römischen Gelehrten Plinius der Ältere zurückgeführt. Im 1. Jahrhundert beschrieb er in seinem Werk *Historia naturalis* ein Gegenmittel für Gift: »Nimm zwei getrocknete Walnüsse, zwei Feigen und zwanzig Blätter der Weinraute, vermische alles und füge ein Körnchen Salz hinzu.«

Seit dem 16. Jahrhundert lässt sich diese Redewendung in englischen Texten nachweisen. John Trapp schrieb 1647 in seiner Schrift *Commentary on the Old and New Testaments: "This is to be taken with a grain of salt."*

Beispiele

These rumors should be taken with a substantial grain of salt.
(Diese Gerüchte sollten mit einer gehörigen Prise Skepsis betrachtet werden.)

The latest economic impact study on the Kansas City streetcar project, like all such studies, should be taken with a grain of salt.
(Die neueste wirtschaftliche Auswirkungsstudie zum Straßenbahn-Projekt in Kansas City sollte, wie alle derartige Studien, mit einer Prise Skepsis betrachtet werden.

Good to know

In den 1880er-Jahren gab es 415 Straßenbahnen in den USA, deren Gleise zusammen eine Länge von nahezu 10.000 km hatten, von denen aber lediglich neun überlebten. Seit den 1970er-Jahren nimmt die Zahl allerdings wieder zu – heute gibt es Straßenbahnen in rund dreißig US-Städten. Weitere befinden sich in Planung bzw. im Bau. Bei den neueren Bahnen handelt es sich zumeist um sogenannte *Light rail*-Bahnen, die eine höhere Kapazität und Geschwindigkeit als Straßenbahnen haben, diesen aber ansonsten sehr ähnlich sind.

Nützliche Vokabeln

substantial – reichlich, erheblich
latest – neueste(r)

124 CATCH THE DRIFT

jemanden recht verstehen
(wörtlich: jemandes Strömung erfassen)

Im amerikanischen Alltag kann man oft *if you know what I mean* (wenn du weißt, was ich meine) bzw. *if you know what I'm saying* (wenn du weißt, was ich sage) am Ende eines Satzes hören. Mitunter hört man aber auch *if you catch my drift*. Diese Redewendung, die vermutlich in den 1960er-Jahren in der Surfer-Szene Kaliforniens aufgekommen ist, erweist sich als praktisch, wenn man eine Frage nicht direkt oder vollständig beantworten will, sondern die Antwort ausreichend andeutet.

Beispiele

It was clear from George Soros' grim words that he does not hold much hope for the EU's survival. Viewers who are unaware of the last EU election results may not have caught his drift. (George Soros düstere Worte machten klar, dass er nicht viel Hoffnung für das Überleben der EU hegt. Zuschauer in Unkenntnis der EU-Wahlergebnisse mögen ihn nicht recht verstanden haben.)

"I've never been to a nude beach. Nor will I ever. I honestly don't understand the appeal. Not all the merchandise belongs in the display window, if you catch my drift." (»Ich war noch nie an einem Nacktstrand. Und werde das auch nie tun. Ehrlich gesagt, verstehe ich den Reiz nicht. Nicht alle Waren gehören ins Schaufenster, wenn du verstehst, was ich meine.«)

Good to know

In den USA gibt es nur sehr wenige öffentliche Strände, an denen Badegäste völlig nackt bzw. Frauen »oben ohne« sein dürfen. Allerdings gibt es viele private Nacktstrände und Clubs. Restaurants in Strandnähe haben in der Regel strenge Vorschriften bezüglich der Kleidung, oft informiert ein Schild mit der Aufschrift *"No shirt, no shoes, no service"*, dass es ohne Hemd und Schuhe keine Bedienung gibt.

Nützliche Vokabeln

nude beach – Nacktstrand
topless – oben ohne

125 WHET ONE'S APPETITE

seinen Appetit anregen
(wörtlich: seinen Appetit schärfen)

Das erste Wort dieser Redewendung wird sehr oft verwechselt und daher falsch geschrieben, und zwar mit dem Wort *wet* (anfeuchten) statt *whet* (schärfen), vielleicht weil Appetit mit einer gewissen Speichelentwicklung verbunden ist, wahrscheinlich aber, weil im 18. Jahrhundert vor dem Essen Liköre zur Appetitanregung gereicht wurden. Hinzu kommt, dass *whet* ein heutzutage kaum noch verwendetes Wort ist, während *wet* ein fester Bestandteil des gegenwärtigen Wortschatzes ist.

Beispiele

Significant changes come about when people dare to think beyond the immediate crisis, propose bold solutions, and work for steppingstone reforms that improve people's lives and whet their appetites for further reform. (Maßgebliche Veränderungen kommen zustande, wenn sich Leute trauen, über die unmittelbare Krise hinauszudenken, mutige Lösungen vorschlagen und an Trittstein-Reformen arbeiten, die das Leben der Menschen verbessern und ihren Appetit für weitere Reformen anregen.)

Apple is currently trying to whet customers' appetites for a new gadget. The company has a selection of high tech watches on

display at all of their stores. Signs are reminding shoppers that the watches are not yet available for purchase. (Apple versucht gegenwärtig, den Appetit der Kunden für ein neues Gadget anzuregen. Das Unternehmen stellt eine Auswahl an Hightech-Uhren in allen Geschäften aus. Schilder erinnern die Kunden daran, dass die Uhren noch nicht erhältlich sind.)

GOOD TO KNOW

Das Pronomen *they* (sie) und das Possessivpronomen *their* (ihr) werden mitunter auch in Bezug auf ein Substantiv im Singular verwendet, insbesondere wenn man eine geschlechtsneutrale Aussage machen will, z. B. *somebody left their umbrella in the office.* (Jemand hat seinen Regenschirm im Büro gelassen.)

Somebody steht im Singular und *their* im Plural, da man nicht weiß, ob dieser jemand eine Frau oder ein Mann ist und man deshalb nicht *her* (ihren) oder *his* (seinen) verwenden will. Auch in Bezug auf ein Unternehmen oder eine staatliche Institution wird oft *they* und *their* verwendet. Das Verb in diesen Sätzen steht dennoch in der dritten Person Singular.

NÜTZLICHE VOKABELN

pronoun – Pronomen
possessive pronoun – Possessivpronomen

126 THINK ON ONE'S FEET

gedankenschnell reagieren
(wörtlich: auf seinen Füßen denken)

Wenn man auf eine Situation nicht vorbereitet ist und schnell reagieren muss, ist es wichtig *to think on one's feet.* Diese Redewendung kam in der ersten Hälfte des 20. Jahrhunderts auf. Ihre Herkunft ist ungeklärt, könnte aber im Boxen liegen, da diese Sportart durch viel Fußarbeit und schnelle Reaktionen gekennzeichnet ist.

Beispiele

The ability to think on one's feet and react quickly is one of the most valued skills employers are looking for in potential employees. (Die Begabung, gedankenschnell zu reagieren, ist eine der meist geschätzten Fähigkeiten, die Arbeitgeber bei potenziellen Arbeitnehmern suchen.)

Warner did exactly what firefighters are supposed to do – he thought on his feet and improvised. (Warner tat genau, was Feuerwehrleute tun sollten: Er reagierte gedankenschnell und improvisierte.)

During a mugging, you have to think on your feet. (Während eines Raubüberfalls musst du gedankenschnell reagieren.)

Good to know

Damit man nicht ausgeraubt wird, sollte man nachts nicht allein durch dunkle, einsame Straßen gehen. Lässt sich das nicht vermeiden, sollte man aufmerksam sein. Experten raten, auf Straßennamen zu achten, damit man im Notfall 911 anrufen und genau benennen kann, wo man sich befindet.

Sollte man mit vorgehaltener Waffe ausgeraubt werden, tut man gut daran, dem Täter die geforderten Wertgegenstände ohne Diskussion auszuhändigen. Unnötiger Blickkontakt ist dabei zu vermeiden.

Nützliche Vokabeln

mugging – Raubüberfall auf der Straße
assault – Tätlichkeit

127 PLAY IT BY EAR

Dinge auf sich zukommen lassen und flexibel entscheiden
(wörtlich: nach Gehör spielen)

Amerikaner sind in der Regel eher praktisch und flexibel. Sie möchten nicht alles im Voraus festlegen und sich dann genau an den Plan halten müssen. Sie bevorzugen es oft, eine Situation auf sich zukommen zu lassen und dann im gegebenen Augenblick über das weitere Vorgehen zu entscheiden. Wenn sie derart verfahren möchten, kommunizieren sie das meistens durch den Satz *"Let's play it by ear!"*

Beispiele

Despite the high profile of the annual Tulip Festival, Cohen doesn't find her job stressful. "I'm a pretty relaxed person. I play it by ear and if it comes out nice, that's great." (Trotz des hohen Bekanntheitsgrades des jährlichen Tulpenfestes findet Cohen ihre Arbeit nicht stressig. »Ich bin ein recht lockerer Mensch. Ich lasse die Dinge auf mich zukommen, und wenn es gut wird, dann ist das großartig.«)

"We'll play it by ear," Rutherford said. "I'm a big fan of getting customer feedback, so along the way if I get ideas from other people, we'll try them out and see what happens." (»Wir werden die Dinge auf uns zukommen lassen«, sagte Rutherford. »Ich mag es sehr, Feedback von Kunden zu erhalten, und wenn ich nebenbei Ideen von anderen Leuten bekomme, werden wir sie ausprobieren und schauen, was passiert.«)

Good to know

Natürlich kann man sich über die Zukunft Sorgen machen und das Schlimmste befürchten. Derartige Gedanken kosten jedoch viel Energie, und die schlimmen

Erwartungen werden dann oft doch nicht Wirklichkeit. *"We will cross that bridge when we get there"* sagen die Amerikaner daher gern, um derartigen Überlegungen Einhalt zu gebieten. »Wir kümmern uns darum , wenn es dazu kommt.«

Nützliche Vokabeln

high profile – hoher Bekanntheitsgrad
along the way – nebenbei, auf dem Wege

128 THINK OUTSIDE THE BOX

unkonventionell denken
(wörtlich: außerhalb des Kastens denken)

In den 1970er- und 1980er-Jahren hat man in Managementkursen gerne das sogenannte Neun-Punkte-Problem verwendet, um das Erarbeiten von kreativen Lösungen anzuregen. Dabei mussten neun quadratisch angeordnete Punkte mit einem Stift durch maximal vier gerade Linien verbunden werden, ohne den Stift abzusetzen. Probieren Sie es doch mal selbst:

Und? Haben Sie eine Möglichkeit gefunden?

Vielleicht geht es Ihnen ja wie vielen Teilnehmern, die versuchten, innerhalb des durch die Punkte angedeuteten

Kastens *(box)* zu bleiben. Eine Lösung des Problems ist allerdings erst möglich, wenn man über das Quadrat hinausdenkt und -zeichnet. Die Lösung finden Sie am Ende des Buches auf Seite 292.

Beispiele

"Thinking outside the box" means to think differently, unconventionally, or from a new perspective. ("Thinking outside the box" bedeutet, anders, unkonventionell oder aus einem neuen Blickwinkel zu denken.)

"Thinking outside the box" is clearly a concept that has been watered down and diluted through overuse. ("Thinking outside the box" ist eindeutig ein Konzept, das durch übermäßigen Gebrauch verwässert und verdünnt wurde.)

"Odyssey of the Mind" is a competition that stresses teamwork and thinking outside the box, while giving K-12 students an opportunity to nurture and showcase their skills. ("Odyssey of the Mind" ist ein Wettbewerb, der Teamarbeit und unkonventionelles Denken betont und gleichzeitig Schülern vom Kindergarten bis zum 12. Schuljahr die Möglichkeit gibt, ihre Fähigkeiten zu fördern und zu zeigen.)

Good to know

Mit dem Wort *kindergarten* wird in den USA das Jahr bezeichnet, welches der ersten Klasse unmittelbar vorausgeht und das in der Regel an der Grundschule angeboten wird. Es ist damit kein Kindergarten im deutschen Sinne, sondern ein Vorschuljahr.

Eine Einrichtung zur Kindertagesbetreuung wird dagegen als *day care* bzw. *child care* bezeichnet.

Nützliche Vokabeln

mind – Geist, Verstand
nurture – fördern, aufziehen

129 NO-BRAINER

einleuchtend, keine Frage
(wörtlich: Gehirnloser)

Mit *no-brainer* ist keine Person gemeint, sondern *"That's a no-brainer!"* sagen die Amerikaner oft, wenn es ihnen leicht fällt, eine Entscheidung zu treffen, weil eine der zu erwägenden Möglichkeiten ganz offensichtlich die bessere Wahl ist. Dieser Ausdruck ist in den 1950er-Jahren in Nordamerika entstanden.

Beispiele

This should be a no-brainer: countries that invest higher sums of money into rabies vaccination for dogs have a much lower incidence of rabies in humans. (Dies sollte einleuchtend sein: Länder, die höhere Geldsummen in Tollwutimpfungen für Hunde investieren, haben ein viel geringeres Auftreten von Tollwut bei Menschen.)

Clearly, this is a no brainer: the EPA has the moral obligation to strengthen our air quality standards. (Dies ist offensichtlich keine Frage: Die EPA hat die moralische Verpflichtung, unsere Luftqualitätsnormen zu erhöhen.)

Good to know

Die *Environmental Protection Agency (EPA)* ist die Umweltschutzbehörde der USA. Sie wurde 1970 unter Präsident Richard Nixon ins Leben gerufen und überwacht u. a. die Einhaltung der Umweltschutzgesetze, erlässt Richtlinien und leistet Forschungsarbeit. So müssen z. B. alle neuen Fahrzeugmodelle von der EPA getestet werden, bevor sie in Produktion gehen. Die EPA vergibt auch das Umweltzeichen *Energy Star* für energiesparende Geräte, Baustoffe und Gebäude. Für eine Reihe von Produkten mit diesem Umweltzeichen kann man Steuervergünstigungen in Form eines *tax credit* geltend machen.

Nützliche Vokabeln

tax credit – Betrag, der von den zu entrichtenden Steuern abgezogen wird
tax deduction – Betrag, um den sich das zu versteuernde Einkommen verringert

130 RAISE RED FLAGS

innere Alarmglocken läuten lassen
(wörtlich: rote Fahnen hochziehen)

Im 18. und 19. Jahrhundert wurden rote Fahnen hochgezogen, um vor Überschwemmungen und anderen Gefahren zu warnen. Im heutigen Sprachgebrauch bedeutet diese Redewendung, dass bestimmte Bemerkungen oder Beobachtungen den Verdacht auslösen, dass etwas nicht stimmen könnte, insbesondere in Situationen, die zu gut erscheinen, um wahr zu sein. Die Verwendung erfolgt mitunter im Singular *(raises a red flag)*, jedoch häufiger im Plural *(raise red flags)*.

Beispiele

"The fact they're only interviewing one person raises a red flag," Johnson said. "Was there really only one qualified applicant?" (»Die Tatsache, dass nur eine Person zum Bewerbungsgespräch eingeladen wurde, ist merkwürdig«, sagte Johnson. »Gab es wirklich nur einen qualifizierten Bewerber?«)

Attractive homes that have sat on the market for a long time tend to raise red flags for potential buyers, who instinctively want to know why the home hasn't sold yet. (Attraktive Häuser, die bereits lange zum Verkauf standen, haben die Tendenz, bei potenziellen Käufern die inneren Alarmglocken läuten zu lassen. Sie wollen instinktiv wissen, warum das Haus noch nicht verkauft wurde.)

Good to know

Man sollte grundsätzlich kein Haus kaufen, ohne es vorher gründlich von einem *home inspector* auf Mängel untersuchen zu lassen. Sollten sich Mängel finden, kann man entweder vom Kauf zurücktreten, einen Preisnachlass aushandeln oder die Reparatur verlangen. Man sollte aber keinen vom Immobilienmakler vorgeschlagenen *home inspector* beauftragen, sondern einen, der von Freunden oder Kollegen empfohlen wurde.

Nützliche Vokabeln

job application – Bewerbung
real estate market – Immobilienmarkt

131 Canary in the coal mine

frühe Warnung
(wörtlich: Kanarienvogel im Kohlebergwerk)

Bergleute haben seit Ende des 19. Jahrhunderts und bis weit in die zweite Hälfte des 20. Jahrhunderts hinein Kanarienvögel mit unter Tage genommen. Die Vögel waren sehr sensibel, was giftige Gase wie Kohlenmonoxid betraf. Wenn ein Vogel starb, erkannten die Bergleute die Gefahr und konnten den Stollen oft noch rechtzeitig verlassen. Die Idee hierzu hatte der schottische Arzt John Scott Haldane (1860–1936). Im übertragenen Sinne wird diese Redewendung erst seit Anfang der 1970er-Jahre verwendet.

Beispiele

The current uptick in anti-Jewish acts and the weak Western response to those acts is potentially the canary in the coal mine, a particularly ominous signal of worse things to come. (Der gegenwärtige Aufwärtstrend der Judenfeindlichkeit und die schwache Reaktion des Westens auf diese Taten sind möglicherweise ein besonders beunruhigendes Vorzeichen schlimmerer Dinge, die noch auf uns zukommen.)

The Arctic is global warming's canary in the coal mine. Most scientists view what is happening now in the Arctic as a harbinger of things to come. (Die Arktis ist das Frühwarnsystem des Klimawandels. Die meisten Wissenschaftler sehen in den Veränderungen der Arktis Vorboten der Zukunft.)

Good to know

Kohlenmonoxid ist ein geruchloses, giftiges Gas. Tausende Menschen in den USA kommen jedes Jahr mit einer Kohlenmonoxidvergiftung in die Notaufnahme und Hunderte sterben. Die Ursache ist fast immer eine defekte Gasheizung. Deshalb sollte jedes Haus und jede Wohnung mit Gasheizung neben einem Rauch- auch einen Kohlenmonoxid-Melder haben.

Nützliche Vokabeln

carbon monoxide – Kohlenmonoxid
carbon monoxide poisoning – Kohlenmonoxidvergiftung
carbon monoxide detector – Kohlenmonoxidmelder
smoke detector – Rauchmelder

132 BEATING A DEAD HORSE

eine Sache sinnlos weiterbetreiben, sich verrennen
(wörtlich: ein totes Pferd schlagen)

Diese Redewendung wird mitunter auch in der Version *flog a dead horse* verwendet, auf die sie zurückgeht und die sowohl wörtlich als auch im übertragenen Sinne dasselbe bedeutet. Sie wurde 1859 erstmals von dem englischen Politiker John

Bright verwendet und erfreut sich auch heute noch in Großbritannien, Australien und Indien großer Beliebtheit, während die Amerikaner *beating a dead horse* bevorzugen, da sie das Wort *flog* (schlagen, auspeitschen) kaum verwenden. In beiden Fällen wird ausgedrückt, dass etwas ganz offensichtlich sinnlos ist und nicht weiter betrieben werden sollte.

Beispiele

"This discussion is useless; we're just beating a dead horse." (»Diese Diskussion ist nutzlos, wir reiten einfach nur sinnlos auf dieser Sache herum.«)

"Thomas is sending his manuscript to one publisher after another. I think he's beating a dead horse." (»Thomas schickt sein Manuskript an einen Verlag nach dem anderen. Ich denke, er verrennt sich.«)

"I think we've beaten a dead horse long enough." (»Ich denke, wir haben uns jetzt lange genug mit einer aussichtslosen Sache beschäftigt.«)

Good to know

Dass *fag* in Großbritannien umgangssprachlich Zigarette und in den USA abwertend Schwuler sowie *pants* auf der einen Seite des Atlantiks Unterhose (GB) und auf der anderen Hose (USA) bedeutet, ist relativ bekannt. Weitere Wörter mit unterschiedlicher Bedeutung sind z.B.: *pavement* (GB: Bürgersteig, USA: Straßenbelag), *Mid-Atlantic* (GB: Mitte des Atlantiks, USA: Mitte der Atlantikküste der USA), *first floor* (GB: erster Stock, USA: Erdgeschoss), *semi* (GB: Doppelhaushälfte, USA: Sattelschlepper), *entrée* (GB: Vor- bzw. Zwischenspeise, USA: Hauptgericht), *hole in the wall* (GB: Geldautomat, USA: winziges Restaurant).

Nützliche Vokabeln

track pants – Trainingshose
track suit – Trainingsanzug

133 STICK TO ONE'S GUNS

sich nicht beirren lassen
(wörtlich: bei seinen Waffen bleiben)

Dies ist eine der älteren Redewendungen in der amerikanischen Umgangssprache. Matrosen im 18. Jahrhundert erhielten den Befehl *"Stick to your guns!"*, wenn ihr Schiff unter heftigem Beschuss stand und sie trotzdem auf keinen Fall ihre Posten an den Kanonen verlassen durften. Heute drückt die Redewendung lobend aus, dass jemand unbeirrbar ist.

BEISPIELE

Sticking to his guns paid off for Steve Jobs and Apple, even when vocal critics mocked the company's decisions. (Seine Unbeirrbarkeit zahlte sich aus für Steve Jobs und Apple, selbst wenn sich lautstarke Kritiker über die Entscheidungen des Unternehmens lustig machten.)

Schools need to stick to their guns. Only vaccinated kids should be allowed to attend class. (Die Schulen müssen konsequent bleiben. Nur geimpfte Kinder sollten am Unterricht teilnehmen dürfen.)

The record company wants him to make a Christmas album, but he's sticking to his guns and refusing. (Die Plattenfirma will, dass er ein Weihnachtsalbum aufnimmt, aber er lässt sich nicht beirren und weigert sich.)

GOOD TO KNOW

Man sollte nicht überrascht sein, wenn man auf einigen Radiosendern in den USA schon im Oktober Weihnachtsmusik hört. Der Kampf um Einschaltquoten und Werbekunden ist enorm und lokale Radiosender verzeichnen, man soll es nicht für möglich halten, Zuwächse, wenn sie ausschließlich Weihnachtsmusik spielen. Da es an jedem

Ort mehrere Sender gibt, will jeder als *der* Weihnachtssender gelten, und dieses Ziel erreicht oft, wer zuerst sein gesamtes Programm umstellt.

Nützliche Vokabeln

mock – verspotten
radio station – Radiosender

134 THROW A CURVEBALL

aus dem Konzept bringen
(wörtlich: einen Curveball werfen)

Curveball ist ein Begriff aus dem Baseball, für den es keine deutsche Übersetzung gibt. Er bezeichnet einen Wurf, bei dem der Werfer den Ball durch eine geschickte Hand- und Fingerbewegung in Rotation versetzt und ihn dadurch in eine Flugbahn bringt, die vom Schlagmann der gegnerischen Mannschaft nur schwer eingeschätzt werden kann. Genauso kann man durch ein unvorhergesehenes Ereignis aus dem Konzept gebracht werden.

Da die Amerikaner – wie bereits oft gesehen – mit Vorliebe Redensarten aus dem Baseball-Vokabular schöpfen, ist *throw a curveball* Bestandteil der allgemeinen Umgangssprache geworden, mitunter auch in der kürzeren Version *throw a curve.*

Beispiele

Japanese comics are a lot more willing than their western counterparts to throw the audience a curve with an unhappy ending where the bad guys win. (Japanische Comics sind wesentlich bereiter als ihre westlichen Gegenstücke, die Leserschaft durch ein unglückliches Ende, bei dem die Bösen gewinnen, aus dem Konzept zu bringen.)

At the commencement speech, Wilson said: "Some of you know exactly what you want to do, but sometimes life throws you a curve ball and you have to be ready. You have to be willing to listen to other people because they might have good advice for you." (In seiner Ansprache auf der Abschlussfeier sagte Wilson: »Einige von euch wissen genau, was sie tun wollen, aber manchmal bringt einen das Leben aus dem Konzept, und darauf solltet ihr vorbereitet sein. Ihr müsst willens sein, auf andere Leute zu hören, da diese gute Ratschläge für euch haben könnten.«)

Good to know

Amerikanische Universitäten und Colleges übergeben ihren Absolventen die Diplome auf einer Veranstaltung, die *commencement* genannt wird. Es ist allgemein üblich, dass ein bekannter Politiker oder Künstler eine Ansprache *(commencement speech)* hält, die in der Regel Lebensweisheiten enthält. Einige dieser Ansprachen, wie die von Stephen King 2001 am Vassar College und Steve Jobs 2005 an der Stanford University, haben mittlerweile Kultstatus auf *YouTube* erreicht. Oft sind die Redner Absolventen der jeweiligen Einrichtung.

Nützliche Vokabeln

graduation – Schulabschluss, Abschlussfeier
graduate – Absolvent

Putting it all together

★ Finden Sie die passenden Wörter!

1. *Sometimes, life throws you a _______.*

   (box / thinking cap / curveball / dead horse / towel)

2. *Many companies value employees who can think outside _______.*

   (their head / the envelope / the curve / the box / the loop)

3. *In order to be successful, you need to stick to your _______.*

   (friends / ducks / guns / flags / ships)

4. *If you read something on the internet, you have to take it with a _______ of salt.*

   (blast / cup / grain / hand / shot)

5. *This didn't raise a red _______?*

   (ball / balloon / shark / flag / kite)

6. *He has always been the _______ in the coal mine.*

   (elephant / duck / canary / horse / chicken)

7. *I really had to put on my thinking _______ to find the right answer.*

(hat / cap / head / device / bucket)

8. *She's _______ between a rock and a hard place.*

(sitting / going / caught / pushed / thrown)

9. *My first camping trip coincided with my very first monthly visitor, if you catch my _______.*

(ball / rope / gun / leg / drift)

10. *This was enough to _______ his appetite.*

(get / wet / whet / bet / bent)

11. *Come on, let it go, you're _______ a dead horse!*

(jumping / moving / beating / kicking / shooting)

12. *In critical situations, it's important to _______ on your feet.*

(stand / fall / get / think / stay)

13. *I think we should _______ it by ear.*

(hear / sing / know / throw / play)

14. *This decision was so easy, it was a _______.*

(shoo-in / no-brainer / real McCoy / beeline / left-handed compliment)

Die richtigen Lösungen finden Sie auf Seite 274.

IX
KÖRPERLICHES

135 HIGH AS A KITE

unter starkem Drogeneinfluss stehen
(wörtlich: hoch wie ein Drachen)

Die Redewendung *high as a kite* lässt sich sowohl in amerikanischen als auch britischen Zeitungen des 19. Jahrhunderts finden, allerdings nicht in Bezug auf Drogen, sondern in der wörtlichen Bedeutung, d. h. dass etwas hoch in der Luft schwebt. Das Wort *high* wurde ab den 1930er-Jahren in den USA verwendet, um zu sagen, dass jemand unter Drogeneinfluss steht. Durch die Hippie-Bewegung ist dieser Ausdruck dann in den 1960er-Jahren im gesamten englischen Sprachraum populär geworden. Die alte Redewendung *high as a kite* erhielt in diesem Zusammenhang ebenfalls eine neue Bedeutung: total *high* sein.

Beispiele

The patient testified before court that Dr. Schneider was "as high as a kite" when he performed the procedure on her. (Die Patientin bezeugte vor Gericht, dass Dr. Schneider total *high* war, als er die Behandlung an ihr durchführte.)

The horrific accident was caused by the driver, who was as high as a kite under the influence of prescription painkillers. (Der schreckliche Unfall war von einem Fahrer verursacht worden, der total *high* war durch rezeptpflichtige Schmerzmittel.)

Good to know

Der illegale Konsum von rezeptpflichtigen Medikamenten ist ein weitverbreitetes Problem in den USA. Das geht schon bei den Jugendlichen los: Fast drei Prozent der Achtklässler machen sich am Arzneischrank der Eltern zu schaffen, und in der zwölften Klasse konsumieren bis zu 15 Prozent der Schüler derartige Medikamente. Ein Prozent der Schüler in der achten Klasse raucht zudem jeden Tag Marihuana und in der zwölften Klasse tun dies beinahe sieben Prozent täglich. Da man in vielen Staaten schon mit 16 Jahren Auto fahren darf, stellt der Drogenkonsum auch eine ernstzunehmende Gefahr für andere dar. Etwa ein Drittel der tödlichen Verkehrsunfälle wird von Fahrern unter Drogeneinfluss verursacht. (Quelle: *National Institute of Drug Abuse*, 2014)

Nützliche Vokabeln

kite – Papierdrachen
medical procedure – medizinische Behandlungsmethode
drug abuse – Drogenmissbrauch

136 NO SPRING CHICKEN

nicht mehr der Jüngste
(wörtlich: kein Frühlingshuhn)

Früher brachten im Frühjahr geborene Hühner wegen ihres zarten Fleisches die besten Erlöse. Mitunter versuchten Bauern aber auch, ältere Hühner als *spring chicken* anzubieten, worauf Kunden dann empört sagten: *"That's no spring chicken!"* (»Das ist kein Frühlingshuhn!«) Heutzutage wird diese Redewendung humorvoll für Menschen verwendet, die nicht mehr die Jüngsten sind.

Beispiele

Paul is no spring chicken, but he still runs five miles every day. (Paul ist nicht mehr der Jüngste, aber er läuft immer noch jeden Tag fünf Meilen.)

"My husband is no spring chicken. And yet, you'll find him outside after every snow storm shoveling." (»Mein Mann ist nicht

mehr der Jüngste. Und trotzdem kann man ihn nach jedem Schneesturm draußen beim Schaufeln antreffen.«)

"I'm no spring chicken anymore. I can no longer party all night and still go to work the next day." (»Ich bin kein junger Hüpfer mehr. Ich kann nicht mehr die Nacht durchfeiern und trotzdem am nächsten Tag zur Arbeit gehen.«)

Good to know

Mit einem zunehmenden Trend hin zu einer gesunden Ernährung ist der Konsum von Rindfleisch in den USA seit den Siebziger Jahren kontinuierlich gesunken. Der Verbrauch von Hühner- und Truthahnfleisch hat sich dagegen in den letzten Jahren deutlich erhöht. Der durchschnittliche Fleischverbrauch pro Person und Jahr bleibt unterm Strich enorm: Huhn 27 kg, Rind 23 kg, Schwein 19 kg, Truthahn 6 kg. Hinzu kommen andere Fleischsorten wie Büffel, Reh, Ente oder Kaninchen, was sich am Ende auf über 120 kg summiert – Weltspitze. Dabei sind mehr als sieben Millionen Amerikaner Vegetarier und weitere 30 Millionen essen fleischarm.

Der Deutsche liegt mit unter 90 kg pro Person und Jahr weit dahinter, der weltweite Durchschnitt pendelt zwischen 40 und 45 kg.

Nützliche Vokabeln

poultry – Geflügel
beef – Rindfleisch
pork – Schweinefleisch
turkey – Truthahn
venison – Wildbret, in der Regel vom Reh

137 TAKE A LEAK

pinkeln
(wörtlich: ein Leck nehmen)

Diese Redewendung wird nur von Männern und lediglich in informellen Gesprächssituationen verwendet, also auf keinen Fall im Büro, sondern eher in der Kneipe oder auf dem Sportplatz. Die formellen Ausdrucksformen sind vielmehr *use the restroom* (in öffentlichen Gebäuden und Parkanlagen) und *use the bathroom* (in Wohnungen und Privathäusern). Der vulgäre Gebrauch von *leak* lässt sich schon bei Shakespeare finden, die Redewendung *take a leak* wurde jedoch erst im 20. Jahrhundert gebräuchlich.

Beispiele

"I hope the game is over soon, I really have to take a leak." (»Ich hoffe, das Spiel ist bald zu Ende, ich muss wirklich mal pinkeln.«)

He separated from the other joggers to take a leak when suddenly a man came out of the bushes and charged at him. (Er trennte sich von den anderen Joggern, um zu pinkeln, als plötzlich ein Mann aus den Büschen kam und ihn angriff.)

The umpire interrupted the game, because he had to take a leak! (Der Schiedsrichter unterbrach das Spiel, weil er pinkeln musste!)

Good to know

Urinieren in der Öffentlichkeit ist in den USA vielerorts ein Vergehen, das mit einer erheblichen Geldstrafe geahndet wird. Alleine in New York City werden jedes Jahr rund 20.000 Pinkel-Strafzettel ausgestellt. Aber damit nicht genug: Wer beim Pinkeln in der Öffentlichkeit *(public urination)* erwischt wird, riskiert in einigen Bundesstaaten, als

Sexualstraftäter registriert zu werden, weil mit dem Urinieren ja auch das Entblößen eines gewissen Körperteils verbunden ist. Da sich die Datenbanken mit den Namen und Adressen von Sexualstraftätern per Internet einsehen lassen, könnte das zur Folge haben, dass man von den Nachbarn gemieden wird. Jobs, die einen Umgang mit Kindern beinhalten, kann man dann ebenfalls vergessen.

Nützliche Vokabeln

umpire – Schiedsrichter im Baseball
sex offender database – Sexualstraftäter-Datenbank

138 KICK THE BUCKET

sterben, ins Gras beißen
(wörtlich: den Eimer treten)

Die Herkunft dieser Redewendung, die bereits 1785 in einem Wörterbuch auftauchte, ist unbekannt. Eine beliebte Theorie bezieht sich auf den Selbstmord durch Erhängen, wobei der Selbstmörder auf einem Eimer steht, sich die Schlinge umlegt und dann den Eimer mit dem Fuß wegstößt. Eine andere Theorie besagt, dass *bucket* die Bezeichnung für einen Balken war, an dem Schweine geschlachtet wurden und der von den Tieren im Todeskampf getreten wurde. Weiterhin gibt es die Erklärung, dass diese Redewendung von dem alten katholischen Brauch herrührt, einen Eimer mit Weihwasser am Fußende eines Sterbebettes aufzustellen. Dieser Eimer könnte von Sterbenden umgetreten worden sein, wenn sie im Augenblick des Todes die Beine ausstreckten.

Beispiele

"I'd like to get a book of poetry published before I kick the bucket." (»Ich würde gern ein Buch mit Gedichten veröffentlicht bekommen, bevor ich ins Gras beiße.«)

The Legacy feature gives Facebook users the option of either deleting their account or leaving someone in charge to manage their account after they kick the bucket. (Das Legacy-Feature gibt Facebook-Nutzern die Wahl, ihr Konto entweder zu löschen oder jemanden die Verantwortung zu übergeben, der das Konto verwaltet, nachdem sie ins Gras gebissen haben.)

GOOD TO KNOW

Ein Begriff, den man in den USA recht oft hört, ist *bucket list*. Das ist eine Liste von Dingen und Zielen, die man im Leben tun bzw. erreichen möchte. Der Begriff ist erst in den letzten zehn Jahren in dieser Bedeutung populär geworden, wozu auch der Spielfilm *The Bucket List* (2007) ganz wesentlich beigetragen hat. Im Bereich der Computerwissenschaft ist *bucket list* jedoch schon wesentlich länger gebräuchlich.

NÜTZLICHE VOKABELN

kick – treten
legacy – Vermächtnis, Nachlass

139 FALL OFF THE WAGON

rückfällig werden
(wörtlich: vom Wagen fallen)

Ende des 19. Jahrhunderts wurde in amerikanischen Städten Wasser auf besonders staubige Straßen gesprüht. Zu diesem Zweck waren Wasserwagen unterwegs. Zur gleichen Zeit gab es in den USA eine starke Bewegung gegen den Konsum von Alkohol, die letztendlich zur Prohibition (1920–1933) führte. Männer, die schworen, nicht wieder zu trinken, pflegten zu sagen, dass sie lieber auf einen Wasserwagen klettern würden, als rückfällig zu werden. Abstinente Alkoholiker waren demnach *on the wagon* und wer einen Rückfall erlitt, *fell off the wagon*.

Beispiele

A Chicago man, sentenced to prison for stealing money from vending machines, told the judge he "fell off the wagon" and started using drugs after his wife also "fell off the wagon" because her two sisters and mother all died within one-and-a-half years. (Ein Mann aus Chicago, der Geld aus Verkaufsautomaten stahl und dafür zu einer Gefängnisstrafe verurteilt wurde, sagte dem Richter, dass er rückfällig wurde und wieder Drogen zu nehmen begann, nachdem seine Frau ebenfalls rückfällig geworden war, weil ihre zwei Schwestern und ihre Mutter innerhalb von eineinhalb Jahren gestorben waren.)

"I'm nearly two years coffee-free. Only once did I almost fall off the wagon." (»Ich habe seit fast zwei Jahren keinen Kaffee getrunken. Nur einmal bin ich beinahe rückfällig geworden.«)

Good to know

1933 wurde das landesweite Alkoholverbot in den USA, die Prohibition, aufgehoben und die Gesetzgebung zum Alkoholkonsum an die einzelnen Bundesstaaten zurückgegeben. Mississippi schaffte als letzter Bundesstaat 1966 die vollständige Prohibition ab, in einzelnen Städten und Landkreisen *(counties)* ist sie aber bis heute in Kraft.

Diese *dry towns* bzw. *dry counties* befinden sich hauptsächlich im Süden der USA. So ist zum Beispiel die Stadt Lynchburg in Tennessee, wo die Whiskey-Marke *Jack Daniels* produziert wird, eine *dry town*. Am Hauptsitz des Unternehmens, wo Touristenführungen stattfinden, darf allerdings aufgrund einer Sondererlaubnis Whiskey verkauft werden.

Nützliche Vokabeln

fell – fiel/fielen (Vergangenheitsform von *fall*)
relapse – Rückfall

140 UNDER THE WEATHER

sich nicht wohl fühlen,
nicht ganz auf dem Posten sein
(wörtlich: unter dem Wetter)

Wenn Amerikaner Termine oder Verabredungen absagen, weil sie sich nicht wohlfühlen, teilen sie oft mit, dass sie sich *under the weather* befinden. Das reicht als Grund, sagt aber auch, dass man sich keine Sorgen machen muss. Auf diese Weise wird vermieden, genau sagen zu müssen, was einem fehlt. Das ist praktisch, wenn man beispielsweise Durchfall hat, denn dieses Thema wird außer beim Arzt und im eigenen Haushalt nicht angesprochen. Die Herkunft der Redewendung liegt wahrscheinlich in der Seefahrt: Wenn Passagiere während eines Sturms seekrank wurden, begaben sie sich weit unter Deck an einen tieferen Punkt, wo das Schiff weniger schaukelte. Kurz gesagt, sie begaben sich *under the weather.*

BEISPIELE

Goalie Tim Hudson missed the first game. He was described as being "under the weather." (Torhüter Tim Hudson verpasste das erste Spiel. Über ihn wurde mitgeteilt, dass er »nicht ganz auf dem Posten« sei.)

"This morning, it was tough to wake up," he said. "I have flu-like symptoms right now. I'm feeling really under the weather." (»Heute Morgen fiel es mir schwer aufzustehen«, sagte er. »Im Moment habe ich grippeähnliche Symptome. Ich fühle mich wirklich nicht wohl.«)

GOOD TO KNOW

Amerikaner verwenden gern Euphemismen. So bezeichnen sie z. B. Toiletten in Wohnungen als *bathrooms* und in öffentlichen Gebäuden als *restrooms*. Auch die Begriffe *ladies' room* und *men's room* werden verwendet. Man sollte deshalb nicht nach der *toilet* fragen, da mit diesem Begriff das eigentliche Toilettenbecken verbunden wird.

Nützliche Vokabeln

flu – Grippe
cold – Erkältung
vomit – erbrechen
diarrhea – Durchfall

141 COME DOWN WITH SOMETHING

krank werden
(wörtlich: mit etwas herunterkommen)

Wenn Amerikaner merken, dass sie eine Grippe oder eine Erkältung bekommen, sagen sie oft *"I'm coming down with the flu."* bzw. *"I'm coming down with a cold."* Die Herkunft dieser Redewendung ist unbekannt, fest steht nur, dass sie seit Ende des 19. Jahrhundert gebraucht wird.

Beispiele

The whole team came down with the flu. (Die ganze Mannschaft bekam eine Grippe.)

Gabi Grecko has come down with the flu; the model said on Twitter she's spending time sick at home. (Gabi Grecko hat die Grippe bekommen, und das Model sagte auf Twitter, dass sie zu Hause krank im Bett liegt.)

If you have more than one dog, ask your veterinarian what can be done to decrease the chances that your other dogs will come down with H3N2 canine flu. (Falls Sie mehr als einen Hund haben, sollten Sie Ihren Tierarzt fragen, was man machen kann, um zu verhindern, dass die anderen Hunde ebenfalls an der H3N2 Hundegrippe erkranken.)

Good to know

Wenn sich Amerikaner erholen und wieder Kraft schöpfen, verwenden sie seit den 1920er-Jahren mitunter die Redewendung *recharge one's batteries* (wörtlich: seine Batterien aufladen). Ein Beispiel: *"I need to take a day off to recharge my batteries."* (»Ich muss mir einen Tag freinehmen, um wieder Kraft zu schöpfen.«)

Nützliche Vokabeln

flu – Grippe
cold – Erkältung, Schnupfen
cough – Husten
exhausted – erschöpft

PUTTING IT ALL TOGETHER

★ **BITTE ERGÄNZEN SIE DIE FEHLENDEN WÖRTER!**

Unterhalb stehen die Wörter, die im Text fehlen. Wenn Sie sich die Aufgabe ein wenig erschweren möchten, sollten Sie diese mit der Hand oder einem Blatt Papier verdecken. (Wichtig: Nicht alle der aufgeführten Wörter finden im Text Verwendung.)

. . . .

Sarah used to smoke a lot of pot, but she stopped a year ago. However, she fell off the ________ tonight and now she's high as a ________.

I'm feeling under the ________. Do you think I'm coming ________ with a flu? Hopefully, I'm not going to kick the ________!

He can't run fast enough to catch the bus because he's no ________ chicken anymore.

Where's the restroom? I really have to take a ________!

Hier die Liste der Wörter, von denen einige im obigen Text fehlen: *young / rain check / weather / leak / bucket / kite / wagon / down / up / spring / ball / bridge / break / plane*

Die richtigen Lösungen finden Sie auf Seite 275.

X
QUANTITATIVES

142 A DIME A DOZEN

reichlich vorhanden, wie Sand am Meer
(wörtlich: ein Groschen für ein Dutzend)

Die amerikanische 10-Cent-Münze wird *dime* genannt, so wie früher in Deutschland die 10-Pfennig-Münze als Groschen bezeichnet wurde. Im 19. Jahrhundert wurden viele Waren für den Preis von 10 Cent pro Dutzend *(dozen)* angepriesen, sie kosteten also *a dime a dozen*. Seit dem frühen 20. Jahrhundert wird *a dime a dozen* benutzt, um auszudrücken, dass etwas wie Sand am Meer vorhanden und daher nichts Besonderes ist.

Beispiele

Romantic comedies are a dime a dozen. (Romantische Komödien gibt es wie Sand am Meer.)

Surveys of this type are a dime a dozen. They have become meaningless. (Umfragen dieser Art gibt es reichlich. Sie sind sinnlos geworden.)

Zombie games may be a dime a dozen these days, but "Dying Light" stands out among the crowd due to the execution of its individual components. (Derzeit mag es jede Menge Zombie-Computerspiele geben, aber *Dying Light* ragt wegen der Ausführung seiner einzelnen Komponenten aus der Menge heraus.)

Good to know

Die anderen amerikanischen Münzen werden umgangssprachlich wie folgt genannt: *1 cent – penny, 5 cents – nickel, 25 cents – quarter.* Für den Dollar, ganz gleich ob als Schein oder als Münze, gibt es die Bezeichnung *buck*. Im Plural wird immer ein s angehängt, z. B. *two dollars* oder *two bucks.*

Nützliche Vokabeln

survey – Umfrage
meaningless – ohne Sinn
dying – sterbend

143 ACROSS THE BOARD

übergreifend, durch die Bank
(wörtlich: über die Tafel hinweg)

Im Pferderennsport haben die Buchmacher die Wettchancen früher mit Kreide auf große Tafeln geschrieben. Eine Wette *across the board* bedeutet auch heute noch, dass man auf ein Pferd mit den gleichen Beträgen auf *win* (Sieg), *place* (1. oder 2. Platz) oder *show* (1. bis 3. Platz) setzt. Wenn das Pferd gewinnt, bekommt man alle drei Wetten ausgezahlt.

Die deutsche Redewendung »durch die Bank« ist in den meisten Fällen eine passende Übersetzung. Wenn *across the board* als Adjektiv im Sinne von »übergreifend« verwendet wird, werden oft Bindestriche zwischen den Wörtern gesetzt.

Beispiele

Detroit voted Democrat across the board in Tuesday's election. (Detroit hat bei der Wahl am Dienstag durch die Bank Demokraten gewählt.)

Turnout was low across the board. (Die Wahlbeteiligung war durch die Bank niedrig.)

Carter will take over the Pentagon as a new round of across-the-board spending cuts loom. (Carter wird das Pentagon zur gleichen Zeit übernehmen, da sich eine neue Runde von übergreifenden Ausgabenkürzungen abzeichnet.)

Good to know

Warum wird in den USA am Dienstag und nicht am Sonntag gewählt? Das geht auf eine Entscheidung aus dem Jahr 1845 zurück, als der Kongress den Dienstag nach dem ersten Montag im November als Wahltag festlegte.

Zu dieser Zeit brauchten viele Wähler in ländlichen Gegenden noch bis zu zwei Tage, um zu einer Ortschaft und damit zu ihrem Wahllokal zu gelangen, da sie weit verstreut direkt auf ihrem Land lebten und nicht wie z. B. in Europa eher zentral in Dörfern.

Der Sonntag als heiliger Ruhetag verbat sich als Reisetag und am Montag hätten es viele nicht zum weit entfernten Wahllokal geschafft. Daher wurde der Dienstag zum Wahltag. Der Termin Anfang November wurde gewählt, da die Ernte zu diesem Zeitpunkt abgeschlossen und der Winter in der Regel noch nicht hereingebrochen war.

Nützliche Vokabeln

election – Wahl
election day – Wahltag
turnout – Wahlbeteiligung

144 The whole nine yards

alles, das volle Programm
(wörtlich: die gesamten neun Yards)

Für die Herkunft dieser Redewendung, die auch in der Variante *full nine yards* verwendet wird, gibt es mehr als ein Dutzend Theorien. Eine durchaus einleuchtende Erklärung ist, dass im 19. und am Anfang des 20. Jahrhunderts Stoffe oft in einer Standardlänge von neun Yards verkauft wurden. (Ein Yard entspricht 91,44 cm.)

Einen Beweis für die Gültigkeit dieser Theorie gibt es allerdings nicht. Fest steht: *the whole nine yards* lässt sich erstmals 1907 in einer Zeitung aus Indiana nachweisen. Einige Jahre später tauchte in Zeitungen aus Kentucky und South Carolina auch *the whole six yards* auf. Diese Version setzte sich jedoch nicht durch. Da Stoffe auch in Standardlängen von sechs Yard gehandelt wurden, würde die genannte Entstehungstheorie aber auch hier passen.

In den 1960er-Jahren wurde *the whole nine yards* in mehreren Zeitungsartikeln und zwei Romanen verwendet, die alle darauf hindeuten, dass diese Redewendung unter amerikanischen Soldaten in Vietnam beliebt war. Es ist auch denkbar, dass sie bereits Teil des Jugendslangs war und von den jungen Soldaten nach Vietnam getragen wurde. In die allgemeine Umgangssprache hielt sie allerdings erst Anfang der 1980er-Jahre Einzug.

Beispiele

"I did it all – drinking, smoking, partying – the whole nine yards." (»Ich habe alles gemacht: Trinken, Rauchen, Feiern. Das volle Programm.«)

The school now has a real theater, with lights and the whole nine yards. (Die Schule hat jetzt ein richtiges Theater, mit Beleuchtung und allem Drum und Dran.)

Good to know

Möglicherweise gibt es eine Verbindung mit der Redewendung *to the nines,* die bedeutet, dass etwas zur Perfektion gebracht wurde. Ein Beispiel: *He was dressed to the nines.* (Er war perfekt gekleidet.)

Nützliche Vokabeln

marching band – Schulkapelle, die bei Sportereignissen spielt
school orchestra – klassisches Orchester einer Schule

145 ONCE IN A BLUE MOON

nicht oft, alle Jubeljahre
(wörtlich: einmal in einem blauen Mond)

The Maine Farmers' Almanac begann 1819, den dritten Vollmond innerhalb einer Jahreszeit mit vier Vollmonden als *blue moon* zu bezeichnen. Der Amateurastronom James Hugh Pruett interpretierte dies 1946 in seinem Artikel *Once in a Blue Moon* in der Zeitschrift *Sky & Telescope* als zweiten Vollmond in einem Kalendermonat. Diese Definition hat sich in der Bevölkerung durchgesetzt. Zu einem *blue moon* kommt es durchschnittlich nur einmal in zweieinhalb Jahren, die Redewendung *once in a blue moon* beschreibt daher etwas, das relativ selten passiert.

BEISPIELE

Customers should change their passwords more than once in a blue moon. (Kunden sollten ihre Passwörter öfter als alle Jubeljahre ändern.)

Schools in New York City shut their doors only once in a blue moon because of heavy snow. (Die Schulen in New York City bleiben nur sehr selten wegen schwerem Schneefall geschlossen.)

"I get a raise once in a blue moon." (»Ich bekomme nur alle Jubeljahre eine Gehaltserhöhung.«)

GOOD TO KNOW

Während einer Wirtschaftskrise stagniert das Durchschnittseinkommen der Amerikaner oft jahrelang. Auch danach ist ein Anstieg der Löhne und Gehälter erst zu erwarten, wenn die offizielle Arbeitslosenquote einen Wert um fünf Prozent erreicht. Arbeitgeber begründen die ausbleibenden Erhöhungen oft mit den ständig steigenden Kosten bei der Krankenversicherung.

Nützliche Vokabeln

raise – Lohn- bzw. Gehaltserhöhung
average earnings – Durchschnittseinkommen

146 IN A NUTSHELL

kurz gesagt
(wörtlich: in einer Nussschale)

Es wird angenommen, dass diese Redewendung rund zweitausend Jahre alt ist. Der römische Schriftsteller Pliny beschrieb eine Ausgabe von Homers *Iliad* als so klein geschrieben, dass sie in die Schale einer Walnuss hätte passen können. *In a nutshell* ist heute eine geläufige Redewendung, und der amerikanische O'Reilly Verlag gibt seit einigen Jahren Nachschlagewerke zu Computerthemen unter diesem Namen heraus.

Beispiele

In a nutshell: Facebook and Twitter are bad for mental health. (Kurz gesagt: Facebook und Twitter sind schlecht für die psychische Verfassung.)

"Can you tell me, in a nutshell, why you want to buy this carbon monoxide detector?" – "In a nutshell? Carbon monoxide detectors save lives!" (»Kannst du mir kurz und bündig sagen, warum du diesen Kohlenmonoxid-Melder kaufen willst?« – »Kurz gesagt? Kohlenmonoxid-Melder retten Leben!«)

In a nutshell, there was absolutely no work-life balance. (Kurz gesagt, gab es überhaupt kein Gleichgewicht zwischen Berufs- und Privatleben.)

Good to know

Der Begriff *work-life balance,* den manche Unternehmen gern in Stellenausschreibungen verwenden, um qualifizierte Arbeitnehmer anzulocken, wurde Ende der 1970er-Jahre zuerst in Großbritannien und ab Mitte der 1980er-Jahre dann auch in den USA gebraucht.

Work-life balance bedeutet in der Regel allerdings nicht mehr Urlaub oder kürzere Arbeitszeiten, sondern lediglich, dass von den Arbeitnehmern nicht erwartet wird, dass sie in ihrer Freizeit E-Mails beantworten oder telefonisch erreichbar sind.

Nützliche Vokabeln

job posting – Stellenausschreibung
overtime – Überstunden

147 THE STRAW THAT BREAKS THE CAMEL'S BACK

der Tropfen, der das Fass zum Überlaufen bringt
(wörtlich: der Strohhalm, der den Rücken des Kamels bricht)

Diese Redewendung, die auch oft in den Kurzformen *the last straw* bzw. *the final straw* verwendet wird, lässt sich hervorragend mit »der Tropfen, der das Fass zum Überlaufen bringt« übersetzen. Sie geht auf ein gleichbedeutendes Sprichwort zurück, dass in den letzten zweitausend Jahren in vielen Variationen aufgeschrieben wurde.

Beispiele

Alan Becker paid a visit to the Loft Salon in Stamford to get a haircut, but upon his haircut's completion, Becker had a very *negative reaction to its quality. When Becker received more bad news — that his haircut that he didn't like was going to cost him $50 — it was apparently the straw that broke the camel's back, as Becker then went completely bananas.* (Alan Becker besuchte den Loft Salon in Stamford, um sich die Haare schneiden zu lassen. Mit dem Ergebnis war er allerdings überhaupt nicht zufrieden, für ihn ließ die Qualität der Arbeit mehr als zu wünschen übrig. Als er dann noch die Hiobsbotschaft erhielt, dass ihn der Haarschnitt, den er nicht mochte, 50 Dollar kosten sollte, brachte das das Fass anscheinend zum Überlaufen und Becker flippte komplett aus.)

Peters was kicked off the University of Washington team in November after a series of confrontations with a new coaching staff. The final straw was an argument with an assistant coach. Peters previously had argued with coaches and then missed a practice. (Peters wurde im November aus dem Team der University of Washington geschmissen, nachdem es mehrmals Auseinandersetzungen mit den neuen Trainern gab. Das Fass zum Überlaufen brachte ein Streit mit einem Assistenztrainer. Peters hatte vorher schon mit Trainern gestritten und das Training versäumt.)

Good to know

Ein Ausdruck, den man in den USA recht oft hören kann, und der meist spaßeshalber geäußert wird, ist *bad hair day.*

Dabei handelt es sich entweder um einen Tag, an dem das eigene Haar außer Kontrolle ist, oder an dem mehrere Dinge schieflaufen, bzw. um beides.

Nützliche Vokabeln

go bananas – ausflippen
staff – Personal

148 BAT A THOUSAND

alles richtig machen, ein Traumresultat erzielen
(wörtlich: ein Tausend schlagen)

Im Baseball werden jede Menge Statistiken geführt, von denen der *batting average,* also die Durchschnittsleistung beim Schlagen, einer der wichtigsten Werte ist. Hierbei wird die Anzahl der gültigen Schläge, durch die der Schlagmann mindestens die erste *base* erreicht hat, durch die Anzahl aller Schlagversuche geteilt. Da es unmöglich ist, mit jedem Schlagversuch Erfolg zu haben, ergibt die Rechnung einen Dezimalwert. Ein *batting average* von 0.300 (die Amerikaner verwenden statt eines Kommas einen Punkt) gilt als ausgezeichnet, d. h. der Spieler war mit 30 Prozent seiner Schlagversuche erfolgreich. Die dezimale Zahl wird zur Einfachheit als ganze Nummer ausgesprochen: *He has a three hundred batting average.* Würde jeder Schlag gelingen, könnte der Spieler einen Wert von Eintausend schaffen (1,000). Allerdings ist selbst ein Wert über 0.400 beinahe unerreichbar. Der letzte Spieler, dem das gelang, war Ted Williams von den *Boston Red Sox* mit 0.406 im Jahr 1941.

Beispiele

Will every new vehicle be a hit? No. General Motors won't bat a thousand, but if they have more hits than strikeouts, it would go a long way in keeping the company competitive. (Wird jedes neue Fahrzeug ein Hit sein? Nein. General Motors wird nicht alles richtig machen, aber wenn es mehr Hits als Fehlschläge gibt, würde das schon reichen, um das Unternehmen langfristig wettbewerbsfähig zu halten.)

The new mayor used sports metaphors in brief remarks after accepting her leadership role. "Not one of us will ever bat a thousand, but together we can win championships for our town," she said to her colleagues on the Council. (Die neue Bürgermeisterin verwendete Sportmetaphern in einer kurzen Ansprache, nachdem sie ihre Führungsposition angenommen hatte: »Niemand von uns wird jemals einen Weltrekord erzielen, aber zusammen können wir Meisterschaften für unsere Stadt gewinnen.«)

Good to know

Professionelle Baseballspieler sind in der Regel länger aktiv als Sportler in anderen Mannschaftssportarten. Das Durchschnittsalter liegt bei 27 Jahren, und mitunter gibt es auch Spieler, die Anfang bis Mitte Vierzig sind.

Nützliche Vokabeln

average age – Durchschnittsalter
team sport – Mannschaftssportart

149 MOVE THE NEEDLE

große Fortschritte machen, etwas bewegen
(wörtlich: die Nadel bewegen)

Amerikanische Manager lieben diese Redewendung und haben sie in den letzten fünfzehn Jahren zu einem festen Bestandteil des *business jargon* gemacht, denn das Ziel eines Unternehmens ist natürlich, dass neue Produkte oder Strategien den Gewinn steigern. Mit *move the needle* lässt sich das bildhaft ausdrücken, denn mit *needle* ist die Nadel eines Seismographs oder ähnlichen Messgerätes gemeint.

Beispiele

The new technology is unlikely to move any needle for GE in the near term, but could eventually be significant. (Die neue Technologie wird kurzfristig wahrscheinlich nichts für GE bewegen, könnte letztendlich aber bedeutsam sein.)

Walmart intends to open 115 stores in China this year. That's not going to move the needle for a company with more than 4,000

stores in the U.S. alone. (Walmart hat vor, dieses Jahr 115 Geschäfte in China zu eröffnen. Für ein Unternehmen, das alleine in den USA mehr als 4.000 Geschäfte hat, wird das nichts groß bewegen.)

GOOD TO KNOW

Eine beliebte Methode *to move the needle* ist nach *low-hanging fruit* (niedrig hängendem Obst) zu greifen, d. h. einfach erreichbare Ziele anzugehen. Andere äußerst beliebte Begriffe im *business jargon* sind: *best practices* (»beste Praktiken«, d. h. bewährte Vorgehensweisen), *drill down* (»in die Tiefe bohren«, d. h. etwas detailliert betrachten), *reach out* (»die Hand ausstrecken«, d. h. mit jemanden Kontakt aufnehmen), *circle back* (»zurückkreisen«, d.h. jemandem zu einem späteren Zeitpunkt antworten), *pain points* (»Schmerzpunkte«, d. h. Problembereiche) und *bandwidth* (»Bandbreite«, d. h. verfügbare Zeit). Viele dieser Begriffe wurden zuerst in der Fachliteratur verwendet und dann durch Berater in die Unternehmen getragen.

NÜTZLICHE VOKABELN

business jargon – Geschäftsjargon
consultant – Berater
month over month (MoM) – im Monatsvergleich
year over year (YoY) – im Jahresvergleich

150 BALLPARK FIGURE

grober Schätzwert
(wörtlich: Baseballstadion-Wert)

Wenn man eine ungefähre Vorstellung von einem Wert, z. B. die Kosten für eine Serviceleistung, bekommen möchte, eignet sich die Frage *"Can you give me a ballpark figure?"* ganz ausgezeichnet. Man besteht damit nicht auf eine genaue Zahl, die der Gesprächspartner möglicherweise nicht preisgeben will oder nicht zur Verfügung hat. Mitte des 20. Jahrhunderts sagte man *in the ballpark* und *out of the ballpark,* um zu beschreiben, ob sich etwas innerhalb oder außerhalb einer bestimmten Größenordnung befand. Damit wurde sich darauf bezogen, dass ein Baseballstadion einen abgegrenzten Bereich darstellt. Möglicherweise hat *ballpark figure* aber auch etwas damit zu tun, dass die Stadionsprecher während der Spiele die geschätzte Zuschauerzahl bekannt gaben. Statt *figure* (Wert) wird wahlweise auch *estimate* (Schätzung) verwendet: *This is just a ballpark estimate.* (Dies ist lediglich eine grobe Schätzung.)

Beispiele

"You may have heard that eight glasses of water a day is the recommended amount. That's a good ballpark figure." (»Sie haben vielleicht gehört, dass zwei Liter Wasser pro Tag die empfohlene Menge ist. Das ist ein guter Schätzwert.«)

"The cost for the entire project has been estimated to be more than $1 million, although that is just a ballpark figure," the city manager said. (»Die Kosten für das gesamte Projekt sind auf mehr als eine Million Dollar veranschlagt worden, was allerdings nur eine grobe Schätzung ist«, sagte der Leiter der Stadtverwaltung.)

Good to know

Wenn man Amerikaner fragt, wie viel Wasser man jeden Tag trinken sollte, wird man oft *eight glasses* hören, denn diese Zahl wurde seit Ende des Zweiten Weltkriegs propagiert. Genau gesagt, wurden *eight 8-ounce glasses* empfohlen, also acht Gläser mit einem Fassungsvermögen von *eight ounces* (0,24 Liter), d. h. 1,9 Liter. Mittlerweile ist diese Zahl umstritten. Einige Ärzte empfehlen etwas mehr, andere etwas weniger, aber als *ballpark figure* funktioniert der Richtwert von acht Gläsern sicher ganz gut.

Nützliche Vokabeln

estimate – Schätzung, Voranschlag
quote – Kostenvoranschlag

PUTTING IT ALL TOGETHER

★ FINDEN SIE DIE RICHTIGE BEDEUTUNG DER REDEWENDUNGEN!

across the board

- O über den Steg
- O gegen den Strich
- O durch die Bank

once in a blue moon

- O nur zur Erntezeit
- O nicht oft
- O einmal und nicht wieder

a dime a dozen

- O nichts Besonderes
- O etwas Preiswertes
- O etwas Kostbares

the whole nine yards

- O alles
- O nichts
- O wenig

bat a thousand

- O Gewimmel
- O Traumresultat
- O Wette

move the needle

- O gegen Unglück geimpft werden
- O eine Warnung aussprechen
- O deutliche Fortschritte machen

ballpark figure

- O Schätzung
- O Denkmal
- O Zuschauerzahl

in a nutshell

- O umfassed dargstellt
- O kurz gesagt
- O einfach erklärt

the straw that breaks the camel's back

- O der Verrat, der das Ende bedeutet
- O der Tropfen, der das Fass zum Überlaufen bringt
- O die Ausgabe, die in den Ruin führt

Die richtigen Lösungen finden Sie auf Seite 275.

F
Final Exam

Final Exam

Sind Sie mittlerweile Expertin oder Experte in Sachen amerikanische Redewendungen? Mit dieser kleinen Abschlussprüfung quer durch alle Themenbereiche können Sie noch einmal Ihr Wissen testen.

1. *My friend Linda likes reading and writing, so a job that should be right up her alley would be*

O *mail carrier.*
O *librarian.*
O *parking enforcement officer.*

2. *Todd has an ax to grind with Chris because*

O *Chris is younger than him.*
O *Chris gave him a bad review.*
O *Chris always has luck with women.*

3. *Brian lost his job and his house. He*

O *is at the end of his rope.*
O *hits the ground running.*
O *is having a blast.*

4. *If someone has no time to prepare for a presentation, he has to*

O *bite the bullet.*
O *hit the ground running.*
O *wing it.*

5. *Because our new sales person batted a thousand*

- O *they fired him on the spot.*
- O *they promoted him.*
- O *they called an ambulance.*

6. *I think we need to hire a new manager but that's just*

- O *a piece of cake.*
- O *as American as apple pie.*
- O *my two cents.*

7. *My neighbor just kicked the bucket because he*

- O *was very angry.*
- O *had a bad liver.*
- O *didn't see it.*

8. *If the newspapers find out about this affair, they will*

- O *go off the deep end.*
- O *have a field day.*
- O *get a grip.*

9. *He really threw her a curveball with his comment. She*

- O *was speechless for a moment.*
- O *immediately went postal.*
- O *jumped the gun.*

10. *I have to take a rain check because*

- O *I need a new umbrella.*
- O *I'm waiting for the plumber.*
- O *I don't want to walk around with lots of cash.*

11. *During this tough negotiation, the unions*

- O *played hardball.*
- O *walked on eggshells.*
- O *were preaching to the choir.*

12. *If we want to avoid bankruptcy, we need*

- O *to break the ice.*
- O *a shot in the arm.*
- O *to break the bank.*

13. *I don't have time to listen to this.*

- O *Keep the ball rolling!*
- O *Cut to the chase!*
- O *Don't jump the shark!*

14. *This is the best deal possible, because*

- O *it is crossing the line.*
- O *we're getting nickel and dimed.*
- O *there are no strings attached.*

15. *These questions are difficult. Therefore, I have to*

- O *take them with a grain salt.*
- O *put on my thinking cap.*
- O *play it by ear.*

Die richtigen Lösungen finden Sie auf Seite 276.

L
Lösungen

I Kommunikatives

*When Ann picked up the phone and asked why I called, I told her that I wanted to touch **base** with her. In order to break the **ice**, I talked about the weather and how it had affected sales.*

*But Ann said: "**Cut** to the chase! What do you want?"*

*I replied: "I don't want to spill the **beans**, but I heard through the **grapevine** that Mike is leaving the company."*

*"I know. I got it straight from the horse's **mouth**. I was out for a few days, but Mike brought me up to **speed** himself when I came back this morning." She paused for a moment. Then she said: "Apparently, he told Bob last night that he wanted to sell his share in the company. He said he wasn't happy here."*

*"That was pretty much an **elephant** in the room for years, wasn't it?"*

*"Maybe. I just don't understand why he never had the courage to **clear** the air."*

*"I agree. Well, no matter how you **slice** it, this could mean trouble for the company."*

*"You're **preaching** to the choir."*

*"Good, I thought so. Listen, Ann, I would really appreciate it if you could keep me in the **loop**. I need to know what's going to happen now."*

II Kompetitives

1. *I will never be promoted at this company. I think it's time to throw in **the towel**.*

2. *Someone who doesn't like to compromise often plays* ***hardball.***

3. *An excellent deal often comes with* ***no strings attached****.*

4. *Mike was nervous about his new job, but on the first day, he really* ***knocked it out of the park****.*

5. *Especially when it comes to smart phones, Apple has been* ***ahead of the curve****.*

6. *In negotiations, it is very beneficial to* ***have the upper hand****.*

7. *When I asked my boss for a $10,000 raise, I think I was really* ***pushing the envelope****.*

8. *It is completely uncertain who will win the election. The race is really coming* ***down to the wire****.*

9. *Many investors are looking for companies where they can* ***get in on the ground floor****.*

10. *All the conditions are right for success. In other words:* ***the bases are loaded****.*

11. *The election came down to 21 votes and therefore* ***is too close to call****.*

12. *Newcomer Tesla gave the other automakers* ***a run for their money****.*

13. *In the 2012 presidential election, Barack Obama* ***won hands down****.*

14. *In order to make this degree meaningful, we have to* ***raise the bar****.*

III Emotionales

Ein Politiker wird während einer Rede durch einen Zwischenruf provoziert und rastet aus. Die Zeitung schreibt am nächsten Tag: ***He went off the deep end.***

Wenn jemand am Arbeitsplatz gewalttätig wird, passt die Redewendung ***going postal***.

Der Vorgesetzte verlor die Selbstbeherrschung. Man kann folgendes sagen: ***He flew off the handle.***

Sie sind gestresst, weil ein Abgabetermin unmittelbar bevorsteht. Sie sagen: ***I'm under the gun.***

Eine Kollegin handelt oft voreilig. Welcher Satz beschreibt das richtig? ***She often jumps the gun.***

Ein Freund ist verzweifelt und schickt eine SMS mit den Worten: ***I'm at the end of my rope.***

Sie wissen, dass Ihr Freund oft übertreibt, und Sie wollen, dass er sich zusammenreißt. Sie sagen zu ihm: ***Get a grip!***

IV Urteilendes

★ Teil I

An unemployment rate of less than three percent is wishful thinking. Actually, it's more than that: It's pie in the sky.

I can't believe he just said that. He's really crossed the line.

I enjoyed this weekend in the mountains. Snowboarding and cross-country skiing are right up my alley.

I don't want to do this. It just goes against the grain for me.

I liked the first two seasons of 'House of Cards' very much. But with the third season, they jumped the shark.

Can't you pull some strings? I would like to get this job.

He always expects me to do something at the drop of a hat. Does he think I have nothing else to do?

I wanted to be a ballet dancer. It simply didn't pan out.

You want to buy a Rolex? Make sure that it is the real McCoy!

★ Teil II

Bob: *We almost got arrested because you dropped the* ***ball****!*

Rick: *I did what? It was you who almost got caught* ***red****-handed.*

Bob: *It was all for the* ***birds****, because it was a stupid idea in the first place.*

Rick: *Stupid idea? I went out on a* ***limb*** *for you and you call my ideas stupid? It should have been a piece of* ***cake****, but that cop showed up. He came out of* ***left*** *field!*

Bob: *In any case, we really dodged a* ***bullet*** *there! I mean, was that cop an idiot? But maybe he turned a blind* ***eye*** *for some reason?*

Rick: *No, he didn't. Stupid cops are as American as* ***apple*** *pie, you know that!*

Bob: *But we're stupid too. We don't pay attention for one moment, and next thing you know, we're behind the* ***eight*** *ball.*

Rick: *It was more like touch and* ***go****.*

Bob: *Whatever! It's too late now. That* ***ship*** *has sailed and now we need to think of something else.*

Rick: *Maybe we should rob the post office.*

Bob: *The post office? Are you insane? I wouldn't touch that with a ten-foot* ***pole****!*

Rick: *It should be easy. But that's just my two* ***cents****.*

Bob: *You're an idiot. I really need a drink. Let's make a* ***beeline*** *for the bar.*

V Erforderliches

★ Teil I

1. *You really need to get your* ***ducks*** *in a row.*
2. *I screwed up. It's time for me to face the* ***music****.*
3. *He had to* ***bite*** *the bullet and buy a new air conditioner.*
4. *This needs to be done by tomorrow morning. Let's* ***burn*** *the midnight oil!*
5. *Their new product is a complete flop. They need to go* ***back*** *to the drawing board.*
6. *We* ***covered*** *all our bases, but it didn't work.*

★ Teil II

1. *I'm new here and I'm still learning the* ***ropes****, but I can take a* ***crack*** *at it.*
2. *We have two more days to meet the* ***deadline****, so keep the* ***ball*** *rolling, please.*

3. *Sometimes, when* ***push*** *comes to shove, you just have to* ***wing*** *it.*

4. *This new law threatens our entire industry. We need to circle the* ***wagons*** *and draw a line in the* ***sand****.*

5. *So far, your work has been mediocre. You really need to step up to the* ***plate*** *and get with the* ***program****.*

6. *Tomorrow, the rubber will* ***meet*** *the road and we'll need to* ***hit*** *the ground running.*

7. *I know, it's difficult, but you need to keep your* ***eye*** *on the ball and roll with the* ***punches****.*

VI Finanzielles

★ Teil I

break the bank – das Budget sprengen

rob Peter to pay Paul - sich selbst berauben

a shot in the arm - eine Finanzspritze

on a shoestring - mit wenig Geld

from rags to riches - vom Tellerwäscher zum Millionär

nickel and dimed - übervorteilt werden

★ Teil II

Melissa: *We need a* ***shot*** *in the arm, if we want to create new products. We can't always do it on a* ***shoestring*** *budget!*

Sarah: *If we use ingredients that don't cost an* ***arm*** *and a* ***leg****, we might be able to do it without breaking the* ***bank****.*

Melissa: *I know, but we could also make ends* ***meet*** *if we don't buy the new bottling device.*

Sarah: *No, we can't* ***rob*** *Peter to* ***pay*** *Paul. We just need to get a bigger bang for our* ***buck***.

Melissa: *Listen, we both have a lot of* ***skin*** *in the game here, and we both want to* ***make*** *bank eventually, but this isn't going to be a* ***rags*** *to riches story anytime soon. For now, we need to* ***keep*** *our head above water.*

Sarah: *You're right, Melissa! Let's buy the new bottling device when we have more money.*

VII Zwischenmenschliches

★ Teil I

I always feel like I walk on ***eggshells*** *because one wrong word will make him angry.*

The group was left to their own ***devices*** *after their leader disappeared.*

It is not a good idea to burn ***bridges*** *because that can be a disadvantage in the future.*

If you hang someone out to ***dry*** *you really hurt them.*

Donald threw his partner under the ***bus*** *by saying that he caused the deal to fail.*

The company had their employees over a ***barrel****, since the unemployment rate was at 15 percent.*

Politicians often scratch each other's ***back*** *because it is to their long-term advantage.*

After holding their **feet** *to the fire the company agreed to clean up the oil spill.*

It rubbed many fans the wrong **way** *when the band ignored their calls for an encore.*

★ Teil II

1. *Mike and I buried the hatchet because* ***it was time to move on.***

2. *Mary took a rain check because* ***her mother was sick.***

3. *Paul is keeping his fingers crossed because* ***he really wants his wife to get the job.***

4. *I think it was a left-handed compliment when she said that* ***the shirt made me look slim.***

5. *My boss thinks I'm at his beck and call because he* ***emails me at night and on the weekend.***

6. *Rick pulled my leg when he* ***said that he had won the lottery.***

7. *Jeb still has an ax to grind because* ***he can't forget what happened.***

8. *It's good to take someone down a notch if they are* ***too arrogant.***

9. *I will go to bat for her because* ***she's been a good friend.***

10. *To push someone's buttons means* ***to provoke them on purpose.***

VIII Nachdenkliches

1. *Sometimes, life throws you a* ***curveball****.*

2. *Many companies value employees who can think outside* ***the box****.*

3. *In order to be successful, you need to stick to your* ***guns****.*

4. *If you read something on the internet, you have to take it with a* ***grain*** *of salt.*

5. *And this didn't raise a red* ***flag****?*

6. *He has always been the* ***canary*** *in the coal mine.*

7. *I really had to put on my thinking* ***cap*** *to find the right answer.*

8. *She's* ***caught*** *between a rock and a hard place.*

9. *My first camping trip coincided with my very first monthly visitor, if you catch my* ***drift****.*

10. *This was enough to* ***whet*** *his appetite.*

11. *Come on, let it go, you're* ***beating*** *a dead horse!*

12. *In critical situations, it's important to* ***think*** *on your feet.*

13. *I think we should* ***play*** *it by ear.*

14. *This decision was so easy, it was a* ***no-brainer****.*

IX Körperliches

Sarah used to smoke a lot of pot, but she stopped a year ago. However, she fell off the ***wagon*** *tonight and now she's high as a* ***kite****.*

I'm feeling under the ***weather****. Do you think I'm coming* ***down*** *with a flu? Hopefully, I'm not going to kick the* ***bucket****!*

He can't run fast enough to catch the bus because he's no ***spring*** *chicken anymore.*

Where's the restroom? I really have to take a ***leak****!*

X Quantitatives

1. *across the board* – durch die Bank
2. *once in a blue moon* – nicht oft
3. *a dime a dozen* – nichts Besonderes
4. *the whole nine yards* – alles
5. *bat a thousand* – Traumresultat
6. *move the needle* – deutliche Fortschritte machen
7. *ballpark figure* – Schätzung
8. *in a nutshell* – kurz gesagt
9. *the straw that breaks the camel's back* – der Tropfen, der das Fass zum Überlaufen bringt

F FINAL EXAM

1. *My friend Linda likes reading and writing, so a job that should be right up her alley would be* ***librarian****.*
2. *Todd has an ax to grind with Chris because* ***Chris gave him a bad review****.*
3. *Brian lost his job and his house. He* ***is at the end of his rope****.*
4. *If someone has no time to prepare for a presentation, he has to* ***wing it****.*
5. *Because our new sales person batted a thousand* ***they promoted him****.*
6. *I think we need to hire a new manager but that's just* ***my two cents****.*
7. *My neighbor just kicked the bucket because he* ***had a bad liver****.*
8. *If the newspapers find out about this affair, they will* ***have a field day****.*
9. *He really threw her a curveball with his comment. She* ***was speechless for a moment****.*
10. *I have to take a rain check because* ***I'm waiting for the plumber****.*
11. *During this tough negotiation, the unions* ***played hardball****.*
12. *If we want to avoid bankruptcy, we need* ***a shot in the arm****.*
13. *I don't have time to listen to this.* ***Cut to the chase!***
14. *This is the best deal possible because* ***there are no strings attached****.*
15. *These questions are difficult. Therefore, I have to* ***put on my thinking cap****.*

A
Anhang

Alle Redewedungen (A–Z)

a dime a dozen reichlich vorhanden, wie Sand am Meer (» S. 246)

a piece of cake ganz einfach, kinderleicht (» S. 86)

a shot in the arm Finanzspritze, einen Schub geben (» S. 171)

across the board übergreifend, durch die Bank (» S. 247)

ahead of the curve der breiten Masse voraus sein (» S. 32)

as American as apple pie typisch amerikanisch (» S. 85)

at someone's beck and call auf Abruf zur Verfügung stehen (» S. 184)

at the drop of a hat ganz plötzlich, auf der Stelle (» S. 101)

back to the drawing board noch einmal von vorn anfangen (» S. 146)

ballpark figure grober Schätzwert (» S. 257)

bat a thousand alles richtig machen, ein Traumresultat erzielen (» S. 255)

be at the end of one's rope am Ende seiner Kräfte, Geduld oder Möglichkeiten sein (» S. 74)

be on a roll eine Erfolgssträhne haben, nicht aufzuhalten sein (» S. 41)

beating a dead horse eine Sache sinnlos weiterbetreiben, sich verrennen (» S. 223)

behind the eight ball in der Klemme stecken (» S. 107)

between a rock and a hard place Dilemma (» S. 209)

bite the bullet in den sauren Apfel beißen (» S. 122)

break the bank das Budget sprengen, in den Ruin führen (» S. 159)

break the ice ein Gespräch beginnen (» S. 8)

bring someone up to speed jemanden auf den neuesten Stand bringen (» S. 15)

burn one's bridges alle Brücken hinter sich abbrechen (» S. 194)

burn the midnight oil bis spät in die Nacht hinein arbeiten (» S. 134)

bury the hatchet sich versöhnen, das Kriegsbeil begraben (» S. 178)

canary in the coal mine frühe Warnung (» S. 222)

catch the drift jemanden recht verstehen (» S. 212)

caught red-handed auf frischer Tat gestellt (» S. 99)
circle the wagons die Reihen schließen (» S. 130)
clear the air reinen Tisch machen (» S. 20)
come down with something krank werden (» S. 241)
come out of left field aus heiterem Himmel kommen (» S. 105)
cost an arm and a leg ein Vermögen kosten (» S. 162)
cover all bases alle Aspekte berücksichtigen, auf alle Eventualitäten vorbereitet sein (» S. 129)
crossing the line zu weit gehen (» S. 91)
cut to the chase auf den Punkt bzw. zur Sache kommen (» S. 9)
dodge the bullet glücklich davonkommen (» S. 89)
down to the wire Spannung bis zum Ende des Geschehens (» S. 43)
draw a line in the sand eine Grenze ziehen (» S. 126)
drop the ball einen schwerwiegenden Fehler bzw. ein Versäumnis begehen, insbesondere durch Nachlässigkeit (» S. 97)
(white) elephant in the (living) room ein totgeschwiegenes Problem (» S. 18)
face the music für ein Vergehen gerade stehen (» S. 139)
fall off the wagon rückfällig werden (» S. 238)
fly off the handle plötzlich die Selbstbeherrschung verlieren (» S. 66)
for the birds Unsinn (» S. 93)
from rags to riches vom Tellerwäscher zum Millionär (» S. 156)
get a bigger bang for your buck mehr für das Geld bekommen, sich besser auszahlen (» S. 164)
get a grip in den Griff bekommen (» S. 70)
get bent out of shape sich mächtig aufregen, ärgerlich werden (» S. 71)
get ducks in a row sich in Stellung bringen (» S. 127)
get in on the ground floor als einer der Ersten bei einer neuen Firma oder Industrie einsteigen (» S. 46)
get with the program die Zeichen der Zeit erkennen, aufwachen, mitmachen (» S. 142)
give a run for one's money ernsthaft Konkurrenz machen, das Leben schwer machen (» S. 54)
go against the grain das Gegenteil vom Üblichen tun (» S. 95)

leave to one's own devices jemand sich selbst überlassen (» S. 193)

left-handed compliment hinterhältiges Kompliment, versteckte Beleidigung (» S. 183)

make a beeline for something schnurstracks auf etwas zugehen (» S. 115)

make bank viel Geld verdienen (» S. 158)

make ends meet gerade genug Geld für den Lebensunterhalt haben (» S. 161)

meet a deadline einen Abgabetermin bzw. eine Frist einhalten (» S. 138)

move the needle große Fortschritte machen, etwas bewegen (» S. 256)

my two cents meine bescheidene Meinung, meinen Senf dazu geben (» S. 84)

nickel and dimed übervorteilt (» S. 169)

no matter how you slice it ganz gleich, wie man es betrachtet (» S. 22)

no spring chicken nicht mehr der Jüngste (» S. 233)

no strings attached ohne daran geknüpfte Bedingungen bzw. Einschränkungen (» S. 34)

no-brainer einleuchtend, keine Frage (» S. 220)

not touch something with a ten-foot pole nicht einmal mit der Kneifzange anfassen (» S. 106)

on a shoestring mit wenig Geld (» S. 157)

once in a blue moon nicht oft, alle Jubeljahre (» S. 250)

over a barrel hilflos ausgeliefert (» S. 198)

pan out sich bewahrheiten, in Erfüllung gehen (» S. 110)

pie in the sky unrealistische Hoffnung (» S. 90)

play hardball mit harten Bandagen kämpfen (» S. 33)

play it by ear Dinge auf sich zukommen lassen und flexibel entscheiden (» S. 216)

preaching to the choir offene Türen einrennen (» S. 17)

pull (the) strings seine Beziehungen spielen lassen, die Fäden ziehen (» S. 112)

pull someone's leg jemanden auf den Arm nehmen (» S. 185)

push someone's buttons jemand provozieren, auf die Palme bringen (» S. 190)

pushing the envelope bis an die Grenze des Möglichen bzw. Erträglichen gehen (» S. 39)

put on one's thinking cap etwas sorgfältig überdenken (» S. 208)

raise red flags innere Alarmglocken läuten lassen (» S. 221)

raise the bar neue Maßstäbe setzen, die Messlatte höher legen (» S. 45)

rattle someone's cage jemanden aus der Fassung bringen bzw. verunsichern (» S. 67)

right up my alley ganz mein Fall (» S. 94)

rob Peter to pay Paul sich selbst berauben (» S. 166)

roll with the punches die Dinge nehmen, wie sie kommen (» S. 149)

rub someone the wrong way jemanden gegen den Strich gehen (» S. 202)

run it up the flagpole etwas testen (» S. 52)

scratch someone's back jemandem einen Gefallen tun (» S. 200)

shoo-in sicherer Kandidat, Gewinner (» S. 48)

spill the beans etwas ausplaudern (» S. 10)

step up to the plate eine Herausforderung annehmen (» S. 140)

stick to one's guns sich nicht beirren lassen (» S. 225)

straight from the horse's mouth aus erster Hand, direkt von der Quelle (» S. 21)

take a crack at something etwas versuchen (» S. 135)

take a leak pinkeln (» S. 236)

take a rain check auf ein anderes Mal verschieben (» S. 179)

take someone down a notch jemandem einen Dämpfer verpassen, einen Gang zurücklegen (» S. 188)

take something with a grain of salt etwas mit einer Prise Skepsis betrachten (» S. 210)

that ship has sailed jetzt ist es zu spät, um diese Gelegenheit zu nutzen (» S. 87)

the bases are loaded sich in der strategisch besten Stellung befinden (» S. 47)

the real McCoy das Original (» S. 114)

the straw that breaks the camel's back der Tropfen, der das Fass zum Überlaufen bringt (» S. 252)

the whole nine yards alles, das volle Programm (» S. 248)

think on one's feet gedankenschnell reagieren (» S. 214)

think outside the box unkonventionell denken (» S. 218)

throw a curveball aus dem Konzept bringen (» S. 226)

throw in the towel aufgeben, das Handtuch werfen (» S. 55)
throw one's hat into the ring seine Kandidatur erklären, in den Wettbewerb einsteigen (» S. 42)
throw someone under the bus opfern, verraten, zum Sündenbock machen (» S. 197)
too close to call zu knapp, um mit Bestimmtheit entschieden zu sein (» S. 50)
touch base kurz Kontakt aufnehmen (» S. 23)
touch-and-go auf der Kippe stehen (» S. 103)
turn a blind eye willentlich ignorieren, ein Auge zudrücken (» S. 111)
under the gun unter starkem Druck (» S. 73)
under the weather sich nicht wohl fühlen, nicht ganz auf dem Posten sein (» S. 240)
walk on eggshells übervorsichtig sein, um jemanden nicht zu reizen (» S. 192)
when push comes to shove wenn es ernst wird, wenn es hart auf hart kommt (» S. 136)
when the rubber meets the road wenn die Stunde der Wahrheit schlägt (» S. 147)
whet one's appetite einen Appetit anregen (» S. 213)
win hands down mit Abstand vorn liegen, überlegen gewinnen (» S. 51)
wing it etwas mit wenig bzw. ohne Vorbereitung tun (» S. 124)

Vokabelliste

accounting Buchhaltung
acknowledge einräumen, bestätigen, anerkennen
acquaintance Bekannter
addiction Sucht
advance warning Vorwarnung
air force Luftwaffe
air pollution Luftverschmutzung
along the way nebenbei, auf dem Wege
ambiguous unklar, mehrdeutig, verschwommen
American flag die amerikanische Flagge
anger verärgern
angry drunk zorniger Betrunkener
annual percentage rate (APR) effektiver Jahreszinssatz
antifreeze Frostschutzmittel fürs Auto
apprenticeship Lehre
approve zustimmen
approve genehmigen
armed forces bewaffnete Streitkräfte
as good as ever so gut wie immer
asparagus capital Spargelhauptstadt
asparagus festival Spargelfest
assault Tätlichkeit
asset vorteilhafte Eigenschaft, Stärke
athletic sportlich
attempt Versuch
average age Durchschnittsalter
average earnings Durchschnittseinkommen
awkward silence peinliche Stille
ax Axt
B.S. (kurz für: ***bull shit***) Blödsinn, Quatsch
backstroke Rückenschwimmen
bait Köder
ballistic ballistisch
ballot Stimmzettel
bargain Schnäppchen
barrel Fass (als Maßeinheit: 119,24 Liter)
basket Korb
be proactive vorausschauend tätig werden
beach towel Strandhandtuch
beef Rindfleisch
beekeeper Imker
being married verheiratet sein
bet wetten
big screen Kinoleinwand
bill Schein
bipartisan von beiden Parteien getragen real estate agent

black ice Glatteis
blame die Schuld geben
blizzard heftiger Schneesturm
board game Brettspiel
bread roll Brötchen
breastfeeding Stillen
breaststroke Brustschwimmen
budget Haushalt
budget conscious preisbewusst
bull shit (kurz: ***B.S.***) Blödsinn, Quatsch
bunch Schar, Haufen, Strauß, Büschel
burglary Einbruch mit Diebstahlsabsicht
business class 1. Klasse (im Zug)
business jargon Geschäftsjargon
butterfly stroke Schmetterlingsschwimmen
buyer's agent Makler des Käufers
cake Torte
candle light Kerzenschein
caption Bildunterschrift
carbon monoxide Kohlenmonoxid
carbon monoxide detector Kohlenmonoxidmelder
carbon monoxide poisoning Kohlenmonoxidvergiftung
carpool Fahrgemeinschaft
cell phone Handy
cemetery Friedhof
change Kleingeld
checking account Girokonto
chicken coop Hühnerstall
Chief Executive Officer (CEO) Geschäftsführer
chorus Refrain
Christian rock music christliche Rockmusik
Cinderella Aschenputtel
circulation Auflagenhöhe
climate change Klimawandel
climate summit Klimagipfel
coach 2. Klasse (im Zug)
coin Münze
cold Erkältung, Schnupfen
commission Provision
consensual sex Sex mlt beiderseitigem Einverständnis
construction site Baustelle
consultant Berater
consumer products Verbrauchsgüter
contaminant Schadstoff, Verunreinigung
contract Vertrag
controlled burn planmäßiger Brand zur Verhinderung natürlicher Waldbrände
corn Mais
cough Husten
counterfeit Fälschung
county Verwaltungsbezirk
court Gericht
cozy behaglich, gemütlich
creation Schöpfung
credit card debt Kreditkartenschulden
dangerous gefährlich
deadline Abgabetermin

deep-seated tief verankert
demand verlangen
Department of Defense Verteidigungsministerium
depend angewiesen sein
detective Kriminalbeamter
dial (einen Stellknopf) einstellen, (eine Telefonnummer) anwählen
dial Stellknopf, Ziffernblatt
diarrhea Durchfall
dice Würfel, Würfelspiel
direct speech wörtliche Rede
dish towel Geschirrhandtuch
dispute Streit
divorce Scheidung
do the dishes das Geschirr abwaschen
domestic violence häusliche Gewalt
donation Geldspende
double-digit zweistellig
drop Fall, Tropfen
drought Dürre
drown ertrinken, ertränken
drug abuse Drogenmissbrauch
due diligence angemessene Sorgfalt
dying sterbend
election Wahl
election day Wahltag
emergency savings Ersparnisse für den Notfall
estimate Schätzung, Voranschlag
evidence Beweis
execution Hinrichtung
exhausted erschöpft
fairy tale Märchen
fake Fälschung
federal income tax an die Bundesregierung zu zahlende Einkommensteuer
fell fiel/fielen (Vergangenheitsform von *fall*)
feud Fehde, Kleinkrieg
fine Geldstrafe
fire someone jemanden entlassen
fist Faust
five-pointed fünfzackig
fixer upper stark renovierungsbedürftiges Haus
flag kennzeichnen
flash in the pan Eintagsfliege, Strohfeuer
flask Flachmann
flu Grippe
fly-fishing Fliegenfischen
food stamps Lebensmittel-Gutscheine für Arme
for free umsonst, kostenlos
fortune Vermögen, Glück, Schicksal
found fand/fanden (Vergangenheitsform von *find*)
foundation Stiftung
freight train Güterzug
front crawl Kraulen
frying pan Bratpfanne
full-time job Vollzeitbeschäftigung
funding Bereitstellung von Geldmitteln
gas (gasoline) Benzin
get help sich in psychologische Behandlung begeben

get in touch with (someone) (jemanden) kontaktieren
go bananas ausflippen
go stir-crazy einen Koller bekommen
gonna umgangssprachlich für *going to* (werden)
graduate Absolvent
graduation Schulabschluss, Abschlussfeier
Great Lakes Große Seen
growth industry Wachstumsindustrie
gun Schusswaffe, ugs.: Pistole (kurz für *handgun*)
gym Fitness-Center
have right of way Vorfahrt haben
have tenure unkündbar angestellt sein
heard hörte/hörten (Vergangenheitsform von *hear*)
hesitate zögern
high jump Hochsprung
high profile hoher Bekanntheitsgrad
hold a grudge against someone jemandem etwas nachtragen
holiday Feiertag
home invasion Einbruch mit gewalttätiger Absicht
homeless obdachlos
homeless shelter Obdachlosenheim
horse racing Pferderennen
house warming party Einzugsfeier, egal ob für ein Haus oder eine Wohnung
human resources (HR) Personalabteilung
hurricane Hurrikan, tropischer Wirbelsturm im Atlantik
hype Medienrummel, aufgebauschte Darstellung
imitation Fälschung
incumbent Amtsinhaber
injection Spritze (das Medikament, das man gespritzt bekommt)
Internal Revenue Service (IRS) US-Steuerbehörde
internet service provider Internetanbieter
(job) interview Bewerbungsgespräch
invite einladen
job application Bewerbung
job interview Bewerbungsgespräch
job posting Stellenausschreibung
job search Arbeitssuche
job training Einarbeitung
just around the corner um die Ecke (örtlich), bevorstehend (zeitlich)
Keep in touch! Lass den Kontakt nicht abrechen!
kick treten
kitchen towel Geschirrhandtuch
kite Papierdrachen
latest neueste(r)
legacy Vermächtnis, Nachlass
library card Leserausweis

lieutenant governor Vizegouverneur in US-Bundesstaaten
literally buchstäblich
litmus test Lackmustest (Chemie), Nagelprobe (umgangssprachlich)
louse/lice Laus/Läuse
maintenance Instandhaltung
manufacturing Herstellung
marching band Schulkapelle, die bei Sportereignissen spielt
marriage counseling Eheberatung
meaningless ohne Sinn
medical procedure medizinische Behandlungsmethode
mind Geist, Verstand
minimum wage Mindestlohn
mock verspotten
money pit Fass ohne Boden
month over month (MoM) im Monatsvergleich
morbidly obese krankhaft fettleibig
mouse/mice Maus/ Mäuse
mph (miles per hour) Meilen pro Stunde (1 mph = ca. 1,6 km/h)
mugging Raubüberfall auf der Straße
mystery novel Kriminalroman
nap Nickerchen
Native Americans amerikanische Ureinwohner
non-fiction book Sachbuch
novel Roman
nuclear power plant Atomkraftwerk
nude beach Nacktstrand
nurse Krankenschwester, Krankenpfleger
nursery Babyzimmer
nurture fördern, aufziehen
(morbidly) obese (krankhaft) fettleibig
obscene gestures obszöne Gesten
office supplies Büroartikel
off-kilter aus dem Gleichgewicht
Olympic swimming pool Sportschwimmbecken
one-way Einfache Fahrt
opening day erster Spieltag einer Saison
operating speed Betriebsgeschwindigkeit
orthopedic surgeon orthopädischer Chirurg
ounce Unze (28,35 Gramm)
outbid überbieten
overtime Überstunden
paid vacation days bezahlte Urlaubstage
passenger train Personenzug
passing lane Überholspur
pastry Konditoreiware
paycheck Gehaltsscheck, Lohnzahlung
peace of mind innere Ruhe
performance Vorstellung, Auftritt, Leistung
pet Haustier
physical education (kurz: ***PE***) Sportunterricht

pie gedeckter Obstkuchen oder Pastete
piqued my interest weckte mein Interesse
polar bear Eisbär
pole vault Stabhochsprung
police department Polizeidirektion
police officer Polizist
polling station Wahllokal
pop Brausegetränk (hauptsächlich im Mittleren Westen verwendet)
pork Schweinefleisch
possessive pronoun Possessivpronomen
poultry Geflügel
prepare vorbereiten bzw. zubereiten
presidential election Präsidentschaftswahl
press charges against someone Anzeige gegen jemanden erstatten
private well Privatbrunnen
pronoun Pronomen
proof of insurance Versicherungsnachweis
prosecutor Staatsanwalt
prostate cancer Prostatakrebs
psychiatrist Psychiater (Facharzt, darf Medikamente verschreiben)
psychologist Psychologe (darf keine Medikamente verschreiben)
public administration Öffentliche Verwaltung
public library Stadt- bzw. Gemeindebibliothek
publisher, publishing house Verlag
pull an all-nighter die ganze Nacht durcharbeiten
puppet Puppe
puppeteer Puppenspieler
quest Suche, Streben
quotation mark Anführungszeichen
quote Kostenvoranschlag
raccoon Waschbär
race track Rennbahn
radio station Radiosender
rainy day fund Notgroschen
raise Lohn- bzw. Gehaltserhöhung
real estate Immobilien
real estate market Immobilienmarkt
recipe (Koch-)Rezept
recommendation Empfehlung
recount erneute Auszählung
recreation center (kurz: ***rec center***) Fitness-Center
relapse Rückfall
relocate umziehen (in eine andere Stadt)
remark Bemerkung, Anmerkung, Ausführung
remarkably wirklich bemerkenswert
request for proposal (RFP) Ausschreibung
resignation Rücktritt, Kündigung durch den Arbeitnehmer

retail Einzelhandel
rifle Gewehr
(bread) roll Brötchen
roommate Mitbewohner
round trip Hin- und Rückfahrt
rumor Gerücht
rural ländlich
rush beeilen, hasten
sale Sonderangebot
sale price Sonderpreis
salesman Verkäufer
savings account Sparkonto
school district Schulbezirk
school orchestra klassisches Orchester einer Schule
season im Kalender: Jahreszeit, im Sport: Saison, im Fernsehen: Staffel
self-employed beruflich selbständig
self-help, self-improvement persönliche Weiterentwicklung
self-publishing Selbstverlag, Eigenverlag
self-starter Person mit Eigeninitiative, die sofort loslegt
seller's agent Makler des Verkäufers
sex offender database Sexualstraftäter-Datenbank
sexual assault sexueller Übergriff
sexual harassment sexuelle Belästigung
shelter Zufluchtsort
sheriff Polizeichef eines Verwaltungsbezirks
shoestrings, shoelaces Schnürsenkel
shoo away wegscheuchen
shooting Schießerei
shot put Kugelstoßen
shut up den Mund halten
small press kleiner Verlag
smoke detector Rauchmelder
sneak peek Vorschau
snow plow Schneepflug
soda Brausegetränk (hauptsächlich an der Ostküste und in Kalifornien verwendet)
sold verkaufte/verkauften (Vergangenheitsform von *sell*)
speed limit Höchstgeschwindigkeit
spill verschütten
squash aus der Welt räumen, vernichten, zerquetschen
staff Personal
standard Maßstab
standing ovations stürmischer Applaus
staple Heftklammer
state income tax an den Bundesstaat zu zahlende Einkommensteuer
statement of work (SOW) Lastenheft (von einem Auftraggeber festgelegte Gesamtheit der Forderungen an die Lieferungen und Leistungen eines Auftragnehmers innerhalb eines Auftrages)
stuffed animal Kuscheltier

subscriber Abonnent
subscription Abonnement
substantial reichlich, erheblich
supervisor unmittelbarer Vorgesetzter, mit Ausnahme des Firmenchefs
supervisor Vorgesetzter
survey Umfrage
swimming pool Schwimmbecken
swing schwungvoller Schlag (z. B. beim Baseball)
syringe Spritze (das zum Spritzen verwendete Instrument)
talk Gespräch, Vortrag, Verhandlung
talk things out eine Aussprache führen
tax credit Betrag, der von den zu entrichtenden Steuern abgezogen wird
tax deduction Betrag, um den sich das zu versteuernde Einkommen verringert
team sport Mannschaftssportart
telephone service provider Telefongesellschaft
termination Kündigung durch den Arbeitgeber
third parties kleine Parteien
thumb Daumen
to get something done etwas erledigen
topless oben ohne
track and field Leichtathletik
track pants Trainingshose
track suit Trainingsanzug
transmission Getriebe
turkey Truthahn
turn signal Blinker
turnout Wahlbeteiligung
twenty-four-seven (24/7) 24 Stunden am Tag, 7 Tage in der Woche
two-party system Zweiparteiensystem
typhoon Taifun, tropischer Wirbelsturm im Pazifik
U.S. Federal Reserve US-Notenbank
umpire Schiedsrichter im Baseball
unbalanced diet einseitige Ernährung
undeniable unbestreitbar
understudy Ersatzdarsteller, der im Krankheitsfall einspringen kann
unions Gewerkschaften
unpaid vacation unbezahlter Urlaub
unreliable unzuverlässig
unwillingness Widerwille
U-pick (kurz für ***you pick***) du pflückst
urban städtisch
venison Wildbret, in der Regel vom Reh
vintage alt und von gehobener Qualität
vintage records alte Schallplatten
volunteering Freiwilligenarbeit
vomit erbrechen

welfare Sozialhilfe
went ging/gingen (Vergangenheitsform von *go*)
wildfire Waldbrand
wind speed Windstärke
without warning ohne Vorwarnung
womanizing viele Frauengeschichten haben
wrist Handgelenk
year over year (YoY) im Jahresvergleich
you pick (kurz: ***U-pick***) du pflückst

Die Lösung des Neun-Punkte-Problems

Wenn man einmal über das Raster hinausdenkt, ist die Lösung des Problems eigentlich ganz einfach:

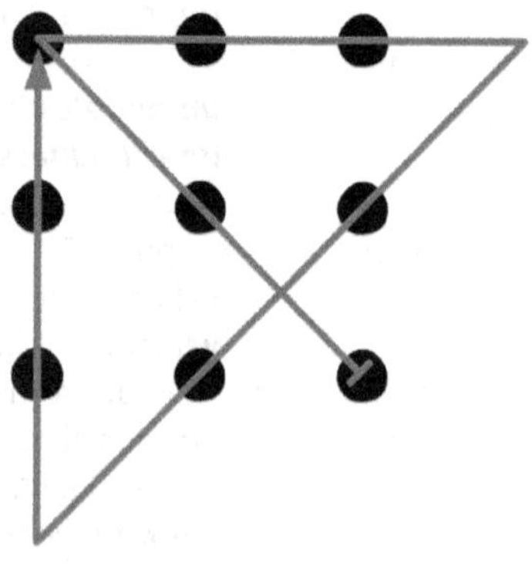

Noch zwei erfolgreiche Bücher von USA-Experte und Bessersprecher-Autor Kai Blum

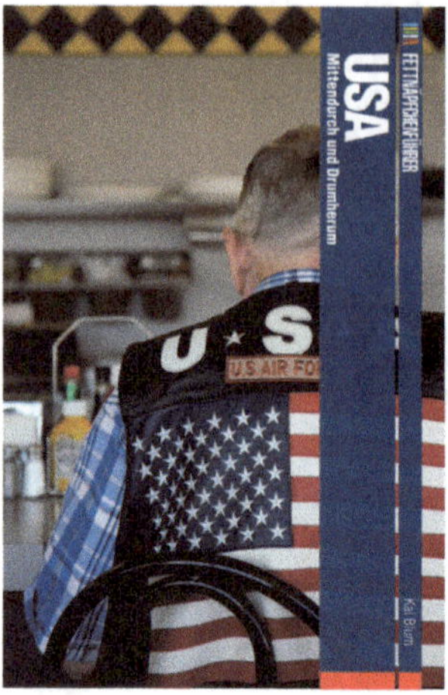

»Kurzweilig zu lesen und für manchen Aha-Effekt gut.« (Going global)

Mal ehrlich: Wie gut kennen Sie die USA denn nun wirklich? Klar, Sie haben schon zahllose amerikanische Filme gesehen, aber wissen Sie, welche Besonderheiten es beim Arztbesuch gibt, was Sie im Straßenverkehr beachten müssen, um nicht verhaftet zu werden, und welche Dinge Sie sagen und vor allem nicht sagen sollten?

Mit Humor und vielen wissenswerten Details beschreibt Kai Blum in seinem Reiseknigge die Eigenheiten und zwischenmenschlichen Regeln der US-amerikanischen Gesellschaft.

Kai Blum
Fettnäpfchenführer USA
Mittendurch und drumherum

ISBN 978-3-943176-16-2

»In Form und Inhalt ist der Titel einer der wenigen Leitfäden, die ihrem Anspruch auch gerecht werden. Gratuliere! Chapeau!« *(Goethe-Institut Los Angeles)*

Dieser Ratgeber deckt alle nur erdenklichen Aspekte eines Neuanfangs in Amerika ab: Von praktischen Fragen des Umzugs über Wohnungssuche, Versicherungs- und Geldfragen bis hin zum Verhalten bei Naturkatastrophen.

In über 190 Themenabschnitten und mit zahlreichen Adressen und Internetlinks werden all die Themen behandelt, die bei einem Start in den USA wirklich entscheidend sind.

Kai Blum
Alltag in Amerika
Leben und arbeiten in den USA

ISBN 978-3-943176-14-8

CONBOOK
www.conbook-verlag.de